AUS DEN FILMEN ZU

Harry Potter™

MAGISCHE KRÄUTERKUNDE

AUS DEN FILMEN ZU

Harry Potter™

MAGISCHE KRÄUTERKUNDE

Zauberhafte DIY-Projekte, Terrarien und viele weitere grüne Inspirationen

PROJEKTE VON JIM CHARLIER

TEXTE VON JODY REVENSON

PANINI BOOKS

INHALT

Kapitel 3: Deko-Ideen für draußen

Kapitel 4: Jeder Garten steckt voller Magie

EINLEITUNG

„Also wenn du Interesse an Pflanzen hast, würde ich dir Goshawks Kräuterkundeführer empfehlen. Da gibt's einen Zauberer in Nepal, der schwerkraftresistente Hecken züchtet."

NEVILLE LONGBOTTOM,
HARRY POTTER UND DER FEUERKELCH

Kräuterkunde, eines der Hauptfächer an der Hogwarts-Schule für Hexerei und Zauberei, beschäftigt sich mit magischen und nichtmagischen Pflanzen, die für Zaubertränke wie Vielsaft-Trank (mit Knöterich und Flussgras), Felix Felicis (mit Thymian-Tinktur und zerstampftem Weinkraut) und Arzneimittel wie Skele-Wachs (mit Chinesischem Kaukohl) verwendet werden. Auch für andere spezielle Zwecke kommen Pflanzen zum Einsatz. So etwa gibt Neville Longbottom Harry Potter in *Harry Potter und der Feuerkelch* Kiemenkraut, damit dieser die zweite Aufgabe im Großen See meistern kann. Die Pflanze bewirkt nämlich, dass einem Kiemen und Schwimmflossen wachsen. Alraunen wiederum finden im Alraune-Wiederbelebungs-Trank Verwendung, der versteinerte Personen und Wesen wieder heilt. Die Zucht von Alraunen in den Gewächshäusern von Hogwarts zur Herstellung des Trunks ist von entscheidender Bedeutung für die Ereignisse in *Harry Potter und die Kammer des Schreckens*. Zum Glück zeigt Professor Pomona Sprout ihren Zweitklässlern gleich in der ersten Unterrichtsstunde, wie man das Umtopfen der ununterbrochen wachsenden Pflanzen am besten angeht.

Das Buch *Harry Potter: Magische Kräuterkunde* enthält zahlreiche Ideen und zeigt dir, wie du deinen Garten so magisch gestalten kannst wie den Verbotenen Wald oder Gewächshaus drei. Lass dich inspirieren von den Pflanzen der Zauberwelt, die bezaubernd, aber auch furchteinflößend sein können. Mit den hier vorgestellten Projekten lässt sich auch in deinem Garten ein magisches Ambiente schaffen.

Zudem kann der Standort deines Gartens oder Gewächshauses die Auswahl der Pflanzen und deren Anordnung beeinflussen. Selbst ein Wohnraum, der so klein ist wie der Schrank unter der Treppe, lässt sich mit pflegeleichten Pflanzen mühelos aufpeppen. Oder wie wäre es damit, einen Wichtel aus Cornwall inmitten von Luftpflanzen in Szene zu setzen? Oder das Auge von Mad-Eye Moody in einem Flachmannterrarium? Diese komplett geschlossenen Glasbehälter, in denen sich feuchtigkeitsliebende Pflanzen kultivieren lassen, sind wie gemacht für angehende Kräuterkundler.

Im Freien kannst du einen Wegweiser aufstellen, der auf besondere magische Orte hinweist, oder mit Professor Flitwicks magischer Kette für Dauerregen dem Plätschern des Regens

lauschen. Es gibt Rankgerüste, die an die Heiligtümer des Todes und die Kugeln aus der Halle der Prophezeiungen erinnern und an denen Kletterpflanzen hochwachsen können. Oder wie wäre es mal mit einem Denkarium als Vogel- und Bienenbad? Und was wäre ein Zaubergarten ohne Portschlüssel-Pflanzgefäße?

Vorlagen für einige Projekte findest du unter **www.InsightEditions.com/HarryPotterHerbologyMagic**. Und vergiss nicht, deine Projekte mit anderen Hexen, Zauberern und auch Muggeln unter **#harrypotterherbology** zu teilen.

Harry Potter: Magische Kräuterkunde enthält fast so viele kreative Projekte, wie es Bücher in Hermine Grangers Perlenhandtäschchen (mit Ausdehnungszauber) gibt. Dank der Schritt-für-Schritt-Anleitungen kannst du dir im Handumdrehen dein eigenes zauberhaftes Refugium schaffen. Schlag also keine Wurzeln, sondern mach dich ran ans Werk!

Sicherheitstipps

Manchmal kann ein Werkzeug gefährlicher sein als ein Klatscher auf dem Quidditch-Feld. Um Verletzungen zu vermeiden, halte dich an die folgenden Regeln:

- Die meisten der hier vorgestellten Projekte sind nicht uneingeschränkt für Kinder geeignet. Die Aufsicht von Erwachsenen ist erforderlich.
- Verwende nur Werkzeuge, mit denen du korrekt und sicher umgehen kannst.
- Für die Arbeit mit Holz und Draht ist eine Schutzbrille erforderlich. Projekte, die mit dem Symbol gekennzeichnet sind, erfordern eine Schutzbrille.
- Bei der Arbeit mit Draht sind Arbeitshandschuhe oft unerlässlich. Projekte mit dem Symbol erfordern feste, strapazierfähige Handschuhe.
- Bei Arbeiten mit Schleifpapier oder einer Schleifmaschine ist ein Atemschutz notwendig. Projekte, die mit gekennzeichnet sind, erfordern eine Maske.
- Bei der Arbeit mit Elektrowerkzeugen kann es ganz schön laut werden. Einige dieser Werkzeuge sind so laut wie eine Alraune beim Umtopfen. Projekte, die mit gekennzeichnet sind, erfordern einen Gehörschutz.

Kapitel 1

TERRARIEN

„Die Pflanze wird mit festem Griff gepackt und mit einem Ruck aus dem Blumentopf gezogen. Und dann steckt man sie in den anderen Topf und bedeckt sie mit einer Winzigkeit Erde, um sie warmzuhalten."

PROFESSOR POMONA SPROUT,
HARRY POTTER UND DIE KAMMER DES SCHRECKENS

GRUNDLEGENDES – SCHICHT AUF SCHICHT

1. Die Schichtung von Terrarien

Der Grund für die Pflanzen im Terrarium wird in Schichten angelegt. Ihre Höhe hängt von der Größe des Terrariums ab.

2. Dekorschicht

OBERSTE SCHICHT

Beliebiger Sand, grober Kies, Dekomaterial, Steine, Treibholz, Stöckchen, Muscheln, Glas, konserviertes Moos usw.

3. Nährsubstratschicht

DICKSTE SCHICHT – SUBSTRAT

Dies ist die Schicht, in der die Pflanzen wachsen. Pflanzen mit ähnlichen Bedürfnissen passen optimal zusammen. Pflanzen mit unterschiedlichen Bedürfnissen benötigen unterschiedliche Bodenmischungen. Hier ein paar Beispiele:

- Blättrige Terrarienpflanzen brauchen eine Zimmerpflanzenerde-Mischung.
- Kakteen und Sukkulenten brauchen poröse, grobsandige Blumenerde.
- Fleischfressende Pflanzen brauchen eine poröse, nährstoffarme, saure Bodenmischung.

4. Kohleschicht

DÜNNE SCHICHT – AKTIVKOHLE FÜR PFLANZEN

Kohle hält die Feuchtigkeit im Terrarium, absorbiert überschüssiges Wasser, trägt zur Geruchsbeseitigung bei und bietet Schutz vor Algen, Pilzen, Fäulnis und Bakterien. Diese Schicht wird manchmal über die Drainageschicht aufgetragen.

5. Barriereschicht

DÜNNSTE SCHICHT – TORFMOOS, ALTERNATIV EIN NYLON- ODER METALLGITTER

Diese Schicht verhindert, dass sich die Blumenerde und das Wasser in der Drainageschicht vermischen und Schlamm bilden, während das Wasser weiter in die Drainageschicht gelangen kann.

6. Drainageschicht

UNTERSTE SCHICHT, MEIST 2,5 CM DICK – LAVASTEINE

Am Boden des Terrariums sammelt sich überschüssiges Wasser. Hier sorgt die Drainage dafür, dass die Pflanzen nicht mit den Wurzeln im Wasser stehen. Für diese Schicht werden Lavasteine oft mit Sand gemischt.

1
4
3
5
2
6

MINIGEWÄCHSHAUS ZUM KRÄUTERKUNDE-UNTERRICHT

„Heute befassen wir uns mit dem Umtopfen von Alraunen. Wer von euch kann mir die Eigenschaften der Alraunwurzel nennen?"

PROFESSOR POMONA SPROUT,
HARRY POTTER UND DIE KAMMER DES SCHRECKENS

SCHWIERIGKEITSGRAD: 3
ZEIT: 2 BIS 3 STUNDEN

Terrarien zählen zu den einfachsten, vielseitigsten und kreativsten Möglichkeiten, Pflanzen in den eigenen vier Wänden zu ziehen. Den *Wardschen Kasten*, eins der frühesten Terrarien, entwickelte der Londoner Arzt Nathaniel Ward Mitte des 19. Jahrhunderts als Minigewächshaus, um neu entdeckte Pflanzen über lange Seewege mehrere Monate lang nach Europa zu transportieren. Im 19. Jahrhundert wurde auch das *Temperate House* in den *Royal Botanic Gardens* bei Kew, im Südwesten Londons, errichtet. Es diente in *Harry Potter und die Kammer des Schreckens* als Inspiration für Gewächshaus drei, in dem Professor Sprout Kräuterkunde unterrichtet. *Temperate House* ist das größte erhaltene viktorianische Glasgewächshaus. Ganz so groß musste Gewächshaus drei nicht sein, dafür aber lang, da Szenenbildner Stuart Craig den Tisch in Szene setzen wollte, an dem die Schüler das Umtopfen der Alraunen lernen. An den Wänden sind großblättrige Pflanzen in Töpfen zu sehen, und auf dem Tisch fünfzig ferngesteuerte animatronische Baby-Alraunen, die sich winden und schreien – zum Ärger aller, die keine Ohrenschützer tragen. Zum Glück geht es hier ohne Ohrenschützer!

Das brauchst du:

- Terrarium mit Fenstern und Türen (bei diesem Projekt wurde ein 25 cm breites, 40 cm langes Terrarium verwendet)
- 5 bis 8 cm hohe Acrylschale (hier 23 cm breit, 30 cm lang), die bequem ins Terrarium passt
- Lavasteine
- Sand
- Schere
- Torfmoos (alternativ Nylon- oder Metallgitter)
- Pflanzenkohle
- Blumenerde
- Fliese(n) oder flacher Stein
- Pflanzen (siehe Seite 18)
- kleiner Terrakottatopf
- kleine Terraniengläser
- präpariertes Moos oder Moosplatte
- Puppenhauszubehör wie Tisch, Besen, Gartenutensilien, Kiste, Schüssel, Fass etc.

So geht's:

1. Gib eine Schicht aus Lavasteinen und Sand in die Acrylschale.
2. Lege eine 1 cm dicke Schicht Torfmoos (oder ein auf die Gefäßform zugeschnittenes Gitter) auf die Lavasteine. Diese Trennschicht verhindert, dass Erde zwischen die Lavasteine gerät. Das schützt die Wurzeln in der Erde vor Staunässe, denn die Lava absorbiert überschüssiges Wasser, wenn das Terrarium übermäßig gegossen wird.
3. Auf das Moos (oder Gitter) legst du die Pflanzenkohle. Sie speichert Feuchtigkeit und verhindert Schimmelbildung. Die Fläche muss nicht komplett bedeckt sein, ein paar locker verteilte Stücke genügen.
4. Dann füllst du die Acrylschale bis zum Rand mit Blumenerde.
5. Lege die Fliese(n) oder den flachen Stein als Boden des Klassenzimmers in die Mitte der Schale.
6. Füge Pflanzen rund um den Fliesenboden hinzu. Platziere höhere Pflanzen im „hinteren" Bereich des Terrariums – je nachdem, aus welcher Richtung das Terrarium primär betrachtet wird.
7. Bepflanze einen kleinen Terrakottatopf und ein oder zwei kleine Gefäße mit Terrarien- oder Luftpflanzen.
8. Füge einige Büschel präpariertes Moos als Farbtupfer hinzu. Das präparierte Moos hilft auch dabei, Feuchtigkeit für die übrigen Pflanzen zu speichern.
9. Füge Puppenhausmöbel hinzu – einen großen Tisch und andere Gartenutensilien.
10. Stelle die Acrylschale ins Terrarium.

Pflanzen

Jedes Fachgeschäft für Zimmerpflanzen sollte eine gute Auswahl an Pflanzen haben, die für Terrarien geeignet sind. Lasse dich vom fachkundigen Personal im Geschäft beraten. Im Internet findest du jede Menge Informationen zu verschiedenen Terrarienpflanzen. Für das Minigewächshaus zum Kräuterkundeunterricht empfehlen wir:

- *Ficus pumila* (Kletterfeige)
- *Fittonia albivenis* (Mosaikpflanze)
- *Nephrolepis exaltata* (Schwertfarn)
- *Senecio rowleyanus* (Erbsenpflanze)
- *Hatiora salicornioides* (Keulen-Binsenkaktus)
- *Thuidium delicatulum* (Zartes Thujamoos)
- *Peperomia caperata* (Zwergpfeffer)
- *Peperomia prostrata* (Zierpfeffer)
- *Pilea microphylla* (Kanonierblume)
- *Pilea cadierei* (Vietnamesische Kanonierblume)
- *Hypoestes phyllostachya* (Punktblume)
- *Soleirolia soleirolii* (Bubikopf)
- *Pellaea rotundifolia* (Pellefarn)
- Tillandsien (Luftpflanzen)

Pflege

Bei diesem offenen Terrarium teilen sich die Pflanzen einen großen Behälter.

- ***Licht:*** Dieses Terrarium braucht helles, aber indirektes Licht. Nach Norden ausgerichtete Fenster sind im Allgemeinen am geeignetsten. Am besten gedeihen die Pflanzen bei 8 bis 10 Stunden Licht pro Tag. Unter Umständen ist eine Pflanzenleuchte mit vollem Spektrum erforderlich. Pflanzen wachsen zum Licht hin, daher ist Licht von oben ideal.
- ***Gießen:*** Da die Schale keine Abflusslöcher hat, kann es leicht zu einer Überwässerung kommen. Nur einmal pro Woche gießen bzw. wenn sich die Erde trocken anfühlt oder sich schlaffe Blätter zeigen. Am besten einen Zerstäuber (Sprühflasche) verwenden. Terrarienpflanzen mögen Feuchtigkeit, daher freuen sie sich über etwas Sprühnebel zwischendurch. Wenn die Blätter braun werden und trockene Ränder bekommen, benötigen sie mehr Feuchtigkeit.
- ***Nicht vergessen:*** Entferne abgestorbene Blätter. Wenn die Pflanzen zu groß werden oder andere Pflanzen verdrängen, müssen sie zurückgeschnitten, manchmal sogar umgetopft werden.

SYBILL TRELAWNEYS TERRARIUM

„Schafft Platz in eurem Kopf! Ihr müsst euren Horizont erweitern. Die Kunst, aus Kristallkugeln zu lesen, liegt darin, das innere Auge zu schärfen. Denn nur so könnt ihr sehen!"

SYBILL TRELAWNEY,
HARRY POTTER UND DER GEFANGENE VON ASKABAN

SCHWIERIGKEITSGRAD: 3
ZEIT: 2 BIS 3 STUNDEN

Sybill Trelawney, die Lehrerin für Wahrsagen, unterrichtet neben Tasseomantie, der Kunst des Teeblattlesens, auch die Zukunftsvorhersage mithilfe einer Kristallkugel. Harry und Ron kämpfen mit ihrer Kristallkugel (wobei Ron eigentlich schnarcht), und Hermine hat wenig Interesse am Wahrsagen. Sie stößt die Kugel absichtlich vom Tisch, die daraufhin die Treppe hinunterrollt. Nachdem Harry die Kristallkugel ins Klassenzimmer zurückgebracht hat, macht Professor Trelawney die zweite korrekte Vorhersage in ihrer Laufbahn. Sie betrifft die Rückkehr von Peter Pettigrew, der Harrys Eltern an Voldemort verraten und somit dem Tod geweiht hat.

Der Blick in eine Kristallkugel muss jedoch nicht zwangsläufig Übles verheißen. Ganz im Gegenteil! Dieses bezaubernde kristallkugelförmige Terrarium erinnert mit dem rot gedeckten Tisch samt Stühlen, umgeben von Moos und exotischen Sukkulenten, an das Filmset des Unterrichts für Wahrsagen.

Das brauchst du:

- kristallkugelförmiges, offenes Terrarium, ø 30 cm
- Lavasteine
- Sand
- Schere
- Torfmoos (alternativ Nylon- oder Metallgitter)
- Pflanzenkohle
- Blumenerde für Kakteen und Sukkulenten
- Untersetzer aus Terrakotta
- Zange für Terrarienpflanzen, Schaufel und Pinsel
- Pflanzen (siehe Seite 24)
- Heißklebepistole
- kleiner Terrakottablumentopf
- roter Stoff
- kleiner Korken
- durchsichtige Murmel
- bunte Glasstücke, Kristalle oder Amethyststeine
- Stühle aus Agraffen (siehe Seite 25)
- präpariertes Moos

So geht's:

1. Gib eine Schicht aus Lavasteinen und Sand auf den Boden des Terrariums – ein Zentimeter sollte genügen.
2. Lege eine 1 cm dicke Schicht Torfmoos (oder ein auf die Gefäßform zugeschnittenes Gitter) auf die Lavasteine. Diese Trennschicht verhindert, dass Erde zwischen die Lavasteine gerät. Das schützt die Wurzeln in der Erde vor Staunässe, denn die Lava absorbiert überschüssiges Wasser, wenn das Terrarium übermäßig gegossen wird.
3. Lege die Pflanzenkohle auf das Moos (oder Gitter). Die Kohle dient der Feuchtigkeitsspeicherung und Schimmelbekämpfung.
4. Gib 5–8 cm Blumenerde hinzu.
5. Platziere den Untersetzer umgedreht in der Mitte des Terrariums als Boden für den Tisch und die Stühle.
6. Bepflanze das Terrarium mit 7 bis 8 Sukkulenten, wobei die größten Pflanzen im hinteren Bereich sein sollten. Verwende die Terrarienzange und die Schaufel, um jede Pflanze an ihren Platz zu setzen.
7. Gib rund um alle Pflanzen eine dünne dekorative Schicht Sand auf die Erde. Ein Pinsel hilft dabei, Erde und Sand von den Pflanzen zu bürsten.
8. Überziehe mithilfe einer Klebepistole einen kleinen, umgedrehten Terrakottatopf mit rotem Stoff.
9. Schneide den Korken auf etwa 0,5 cm zu und befestige ihn mit der Klebepistole an der durchsichtigen Murmel, die als Kristallkugel dient.
10. Befestige die Murmel mit der Klebepistole am Tisch.
11. Füge bunte Glasstücke, Kristalle oder Amethyststeine hinzu.
12. Verteile einige Büschel präpariertes Moos als Farbtupfer.

Pflanzen

Jedes Fachgeschäft für Zimmerpflanzen sollte eine gute Auswahl an Pflanzen haben, die für Terrarien geeignet sind. Lasse dich vom fachkundigen Personal im Geschäft beraten. Im Internet findest du jede Menge Informationen zu verschiedenen Terrarienpflanzen. Für Sybill Trelawneys Terrarium empfehlen wir:

- *Echeveria pulidonis*
- *Myrtillocactus geometrizans* 'Fukurokuryuzinboku' (Heidelbeerkaktus)
- *Delosperma echinatum* (Gurkenpflanze)
- *Lithops* (Lebende Steine)
- *Haworthia fasciata* 'Big Band' (Zebra-Haworthie)
- Echeverien (*Echeveria runyonii* 'Topsy Turvy' ist besonders toll!)
- *Hatiora salicornioides* (Keulen-Binsenkaktus)
- *Senecio rowleyanus* (Erbsenpflanze)

Pflege

Bei diesem offenen Terrarium teilen sich die Pflanzen einen großen Behälter.

- **Licht:** Dieses Terrarium braucht helles, aber indirektes Licht. Nach Norden ausgerichtete Fenster sind meist optimal. Am besten gedeihen die Pflanzen bei 8 bis 10 Stunden Licht pro Tag. Eine Pflanzenleuchte mit vollem Spektrum ist notwendig. Pflanzen wachsen zum Licht hin, daher ist Licht von oben ideal.
- **Gießen:** Diese Pflanzen benötigen sehr wenig Wasser. Nach einer leichten ersten Wassergabe können sie einen Monat oder länger ohne Wasser auskommen. Staunässe unbedingt vermeiden.
- **Übrigens:** Diese Pflanzen wachsen nur langsam und benötigen wenig Pflege. Entferne abgestorbene Blätter, damit das Terrarium immer hübsch aussieht.

Stühle aus Sektkorkendraht

SCHWIERIGKEITSGRAD: 1
ZEIT: 5 MINUTEN

Das brauchst du:

- Sektkorkendraht (wird übrigens als Agraffe bezeichnet)
- Spitzzange

So geht's:

1. Nimm die Zange und öffne den Draht, der durch die vier Ösen verläuft.
2. Ziehe den Draht heraus.
3. Biege ihn vorsichtig in der Mitte zum Kreis.
4. Forme den Draht, wie abgebildet, zur Rückenlehne. Lasse die Enden so lang wie möglich.
5. Wickle die Drahtenden mit der Zange um die Stuhlbeine. Fertig!

TERRARIUM ZUM ZAUBERTRÄNKEUNTERRICHT

„Albernes Zauberstabgefuchtel und kindische Hexereien wird es hier nicht geben. Daher erwarte ich von den Wenigsten Begeisterung für die schwierige Lehre und exakte Kunst der Zaubertrankbrauerei."

PROFESSOR SEVERUS SNAPE,
HARRY POTTER UND DER STEIN DER WEISEN

SCHWIERIGKEITSGRAD: 3
ZEIT: 1 BIS 2 STUNDEN

Zaubertränkeunterricht zählt in den ersten fünf Jahren in Hogwarts nicht gerade zu den Lieblingsfächern von Harry Potter. Schließlich wird es von Severus Snape, dem seltsam feindseligen Lehrer für Zaubertränke, unterrichtet. Trotzdem würde Harry zugeben, dass Schlaftrunk, Vielsaft-Trank und Veritaserum im Laufe seiner Schulzeit eine nicht gerade unbedeutende Rolle gespielt haben.

In *Harry Potter und der Stein der Weisen* ist das Büro von Professor Snape mit 500 Zaubertrankflaschen bestückt, die von der Grafikabteilung mit handschriftlichen Zutatenlisten und Seriennummern samt Flecken und Spritzern versehen wurden. Die Höhe der Gefäße reicht von einigen Zentimetern bis zu über einem Meter, wobei Requisitenbauer Pierre Bohanna für den magischen Touch alle nur erdenklichen Formen wählte. In *Harry Potter und die Kammer des Schreckens* und *Harry Potter und der Feuerkelch* kamen noch unzählige weitere Flaschen und Gefäße dazu, die mit getrockneten Kräutern und anderen Pflanzen, kleinen Plastikspielzeugtieren und Tierknochen gefüllt waren. Als Professor Horace Slughorn in *Harry Potter und der Halbblutprinz* zum Lehrer für Zaubertränke wird, wächst die Anzahl der Zaubertrankflaschen sogar auf 1000! Vom Unterricht für Zaubertränke mit all seinen Flaschen, Reagenzgläsern und sonstigen Gefäßen ist dieses hohe Terrarium mit Korkdeckel inspiriert.

Das brauchst du:

- Terrarium mit luftdichtem Deckel (das Gefäß hier ist 43 cm hoch, ø 20 cm)
- Lavasteine
- Sand
- Schere
- Torfmoos (alternativ Nylon- oder Metallgitter)
- Pflanzenkohle
- Blumenerde
- präpariertes Moos
- Tiefkühlbeutel
- Hammer
- Reagenzglas mit Korkverschluss
- kleine Glasflasche mit Korkverschluss
- Zange für Terrarienpflanzen, Schaufel und Pinsel
- Pflanzen (siehe Seite 30)

So geht's:

1. Gib eine Schicht aus Lavasteinen und Sand in das Gefäß.
2. Lege eine 1 cm dicke Schicht Torfmoos (oder ein auf die Gefäßform zugeschnittenes Gitter) auf die Lavasteine. Diese Trennschicht verhindert, dass Erde zwischen die Lavasteine gerät. Das schützt die Wurzeln in der Erde vor Staunässe, denn die Lava absorbiert überschüssiges Wasser, wenn das Terrarium übermäßig gegossen wird.
3. Auf das Moos (oder Gitter) legst du die Pflanzenkohle. Sie speichert Feuchtigkeit und verhindert Schimmelbildung. Die Fläche muss nicht komplett bedeckt sein, ein paar locker verteilte Stücke genügen.
4. Nun folgt eine Schicht Blumenerde, die auf einer Seite höher ist als auf der anderen. Die Hangwirkung macht das Arrangement lebendiger, und du bekommst mehr Platz für Pflanzen.
5. Zerkleinere die Lavasteine im Tiefkühlbeutel mit dem Hammer und fülle je eine Schicht in das Reagenzglas und die Flasche. Schichte erst Pflanzenkohle, dann Erde darüber und bepflanze jedes Gefäß. Zum Schluss fügst du präpariertes Moos als Farbtupfer hinzu.
6. Platziere das Reagenzglas und die Flasche im Terrarium.
7. Setze weitere Pflanzen um das Reagenzglas und die Flasche. Höhere Pflanzen sollten nach hinten – je nachdem, aus welcher Richtung das Terrarium primär betrachtet wird.
8. Da es sich um ein hohes Terrarium handelt, musst du dir beim Pflanzen mit einer Zange für Terrarienpflanzen und einer Schaufel behelfen und unerwünschte Erde vor dem Verschließen mit einem Pinsel vom Glas abwischen.
9. Füge einige Büschel präpariertes Moos als Farbtupfer hinzu. Das Moos hilft auch dabei, Feuchtigkeit für die übrigen Pflanzen zu speichern.
10. Gieße das Terrarium und verschließe es mit dem Korkdeckel.

Pflanzen

Jedes Fachgeschäft für Zimmerpflanzen sollte eine gute Auswahl an Pflanzen haben, die für Terrarien geeignet sind. Lasse dich vom fachkundigen Personal im Geschäft beraten. Im Internet findest du jede Menge Informationen zu verschiedenen Terrarienpflanzen. Für das Terrarium zum Zaubertränkeunterricht empfehlen wir:

- *Asplenium nidus* (Nestfarn)
- *Cryptanthus bivittatus* (Erdbromelie)
- *Saxifraga stolonifera* (Hängender Steinbrech)
- *Fittonia albivenis* (Mosaikpflanze)
- *Nephrolepis exaltata* (Schwertfarn)
- *Thuidium delicatulum* (Zartes Thujamoos)

Pflege

Beim Terrarium mit Korkdeckel handelt es sich um ein geschlossenes Ökosystem.

- ***Licht:*** Dieses Terrarium braucht helles, aber indirektes Licht, am besten Nordfenster. Optimal sind 8 bis 10 Stunden Licht pro Tag. Unter Umständen ist eine Pflanzenleuchte mit vollem Spektrum erforderlich. Pflanzen wachsen zum Licht hin, daher ist Licht von oben ideal.
- ***Gießen:*** Nach dem ersten Gießen, und wenn der Deckel fest verschlossen ist, muss das Terrarium möglicherweise nie wieder gegossen werden. Wenn sich im Laufe des Tages Kondenswasser im Inneren bildet, nimm den Deckel ab und lasse die Erde einige Zeit trocknen. Idealerweise sollte sich morgens oder abends etwas Kondenswasser bilden, aber nicht während des Tages.
- ***Nicht vergessen:*** Entferne abgestorbene Blätter. Wenn die Pflanzen zu groß werden oder andere Pflanzen verdrängen, müssen sie zurückgeschnitten, manchmal sogar umgetopft werden.

MAD-EYE MOODYS FLACHMANNTERRARIUM

„Was der da wohl trinkt, was glaubt ihr?"

„Keine Ahnung, aber Kürbissaft wird's nicht sein."

SEAMUS FINNIGAN UND HARRY POTTER,
HARRY POTTER UND DER FEUERKELCH

SCHWIERIGKEITSGRAD: 3
ZEIT: 1 BIS 2 STUNDEN

Wie sich in *Harry Potter und der Feuerkelch* zur Verblüffung aller herausstellt, handelt es sich beim Lehrer für Verteidigung gegen die dunklen Künste gar nicht um den echten Alastor „Mad-Eye" Moody. Der wurde nämlich entführt und durch Bartemius Crouch jr. ersetzt – einen Todesser, der aus dem Gefängnis Askaban geflohen war und das Aufeinandertreffen von Harry Potter und Voldemort einfädelt. Für sein Täuschungsmanöver benutzt Barty Crouch jr. Vielsaft-Trank, den er in einem kleinen Flachmann aufbewahrt, um ihn stets parat zu haben.

Das „verrückte Auge" von Mad-Eye war kein digitaler Effekt, sondern eine Silikonprothese in einem Messingrahmen. Die Pupille war mit einem winzigen Magneten versehen, über den sich das Auge fernsteuern ließ. Gelegentlich stieß der Magnet allerdings an den Messingrahmen, wodurch die Verbindung gekappt wurde und das Auge herausfiel!

Das flaschenförmige Terrarium ist eine Hommage an den verrückten Blick des echten (und des falschen) Mad-Eye, wie er in den Filmen zu sehen ist.

Das brauchst du:

- Flachmann mit Korkstöpsel
- Lavasteine
- Sand
- Schere
- Torfmoos (alternativ Nylon- oder Metallgitter)
- Pflanzenkohle
- Blumenerde
- Zange für Terrarienpflanzen, Schaufel und Pinsel
- Pflanzen (siehe Seite 36)
- Schraubverschluss, ø 4 cm
- Bohrmaschine
- Bohrer (ø 2 cm und 15 mm)
- Schraubenzieher
- kleine Schraube
- kleine Unterlegscheibe
- Drahtschneider
- Sägezahn-Bildaufhänger
- Heißklebepistole
- Pinsel
- goldene Acrylfarbe
- durchsichtige Glasmurmel
- weiße Acrylfarbe
- blaue Acrylfarbe
- schwarze Acrylfarbe
- Bandmaß
- braunes Leder, 5 x 25 cm
- Stift
- Cutter

So geht's:

1. Bedecke den Gefäßboden mit einer Schicht aus Lavasteinen und Sand.
2. Lege eine 1 cm dicke Schicht Torfmoos (oder ein auf die Gefäßform zugeschnittenes Gitter) auf die Lavasteine.
3. Auf das Moos (oder Gitter) legst du die Pflanzenkohle. Sie speichert Feuchtigkeit und verhindert Schimmelbildung. Die Fläche muss nicht komplett bedeckt sein, ein paar locker verteilte Stücke genügen.
4. Gib eine Schicht Blumenerde hinzu.
5. Setze die Pflanzen mit der Zange und der Schaufel ein. Da es sich um ein schmales Gefäß handelt, reichen vermutlich drei Pflanzen. Reinige das Glas innen mit dem Pinsel.
6. Füge schmale Moosstreifen zwischen den Pflanzen ein.
7. Verschließe das Terrarium mit dem Korkstöpsel.
8. Bohre mit dem 2-cm-Bohrer ein Loch in die Mitte des Schraubverschlusses.
9. Bohre mit dem 15-mm-Bohrer ein Loch in die Seite des Schraubverschlusses. Schraube eine kleine Schraube mit Unterlegscheibe an der Seite des Schraubverschlusses fest, damit sie wie ein verstellbarer Regler aussieht.
10. Bohre mit dem 15-mm-Bohrer ein Loch neben die Schraube mit der Unterlegscheibe. Schneide mit einem Drahtschneider den Sägezahn-Bildaufhänger so zu, dass er in den Schraubverschluss gesteckt werden kann. Mit der Klebepistole fixieren.
11. Bemale den Schraubverschluss, die Schraube und den Sägezahn-Bildaufhänger golden. Trocknen lassen, erneut bemalen.
12. Male die Innenseite des Schraubverschlusses weiß an.
13. Platziere die Murmel im Inneren des Schraubverschlusses, sodass sie durch die Öffnung schaut. Mit Heißkleber befestigen.
14. Male einen blauen Kreis als „Iris" auf die Murmel. Trocknen lassen.
15. Male eine schwarze „Pupille" auf die blaue Iris. Trocknen lassen.
16. Schneide über die gesamte Länge des Leders mit dem Cutter einen 1 cm hohen Streifen ab.
17. Teile den Lederstreifen mit dem Cutter in zwei Teile, die lang genug sind, um vom „Auge" bis zur Rückseite des Flachmanns zu reichen. Beim abgebildeten Flachmann war ein Teil 10 cm, der andere 15 cm lang.
18. Lege das Schraubverschluss-„Auge" auf das Leder. Zeichne mit einem Stift die Kontur nach.
19. Schneide die Form entlang der Kontur aus und markiere am Rand zwei 12 mm lange Stellen, die bei 2 Uhr und 10 Uhr auf einer Uhr liegen. Die Markierungen dienen als Klebefläche für die langen Lederstreifen.
20. Klebe das „Auge" mit Heißkleber auf das runde Lederstück.
21. Klebe die Lederstreifen an die markierten Stellen am Auge.
22. Wickle die Lederbänder um den Flachmann. Schneide sie an der Stelle, wo sie sich treffen, mit der Schere ab und klebe sie mit der Klebepistole fest.
23. Befestige die Augenklappe mit Heißkleber auf dem Glas.

Pflanzen

Jedes Fachgeschäft für Zimmerpflanzen sollte eine gute Auswahl an Pflanzen haben, die für Terrarien geeignet sind. Lasse dich vom fachkundigen Personal im Geschäft beraten. Im Internet findest du jede Menge Informationen zu verschiedenen Terrarienpflanzen. Für Mad-Eye Moodys Flachmannterrarium empfehlen wir:

- *Ficus pumila* 'Quercifolia' (Eichenlaubficus)
- *Thuidium delicatulum* (Zartes Thujamoos)
- *Pilea microphylla* (Kanonierblume)
- *Pellaea rotundifolia* (Pellefarn)

Pflege

Beim Terrarium mit Korkstöpsel handelt es sich um ein geschlossenes Ökosystem.

- ***Licht:*** Dieses Terrarium braucht helles, aber indirektes Licht. Nach Norden ausgerichtete Fenster sind meist optimal. Am besten gedeihen die Pflanzen bei 8 bis 10 Stunden Licht pro Tag. Unter Umständen ist eine Pflanzenleuchte mit vollem Spektrum erforderlich. Pflanzen wachsen zum Licht hin, daher ist Licht von oben ideal.

- ***Gießen:*** Das geschlossene Ökosystem des Terrariums muss nach dem ersten Gießen, wenn der Deckel fest verschlossen ist, vermutlich nie wieder gegossen werden. Idealerweise sollte sich morgens oder abends etwas Kondenswasser bilden, aber nicht während des Tages. Wenn sich im Laufe des Tages Kondenswasser im Inneren bildet, nimm den Deckel ab und lasse die Erde einige Zeit trocknen.

- ***Nicht vergessen:*** Entferne abgestorbene Blätter. Wenn die Pflanzen zu groß werden oder andere Pflanzen verdrängen, müssen sie zurückgeschnitten, manchmal sogar umgetopft werden.

MOODY

ARGUS FILCHS LATERNENTERRARIUM

„Es gab eine Zeit, da wurde man zum Nachsitzen an beiden Daumen in den Kerker gehängt. Gott, wie ich die Schreie vermisse."

ARGUS FILCH,
HARRY POTTER UND DER STEIN DER WEISEN

SCHWIERIGKEITSGRAD: 3
ZEIT: 1 BIS 2 STUNDEN

Argus Filch, der Hausmeister von Hogwarts, hält ständig Ausschau nach ungezogenen Schülerinnen und Schülern. In *Harry Potter und der Stein der Weisen* schleicht sich Harry in die Verbotene Abteilung der Bibliothek von Hogwarts, um mehr über Nicolas Flamel, den Schöpfer des Steins der Weisen, herauszufinden. Doch das erste Buch, das Harry aufschlägt, schreit ihn an und ruft den stets wachsamen Filch auf den Plan, der mit einer Laterne durch die dunklen Gänge streift. Dieses Mal kann Harry ihm noch entkommen.

Filch ist erneut mit seiner Laterne zu sehen, als er Harry, Hermine Granger, Ron Weasley und Draco Malfoy begleitet. Da sie nachts draußen erwischt wurden, sollen sie nun im Verbotenen Wald nachsitzen und Hagrid bei der Suche nach einem verletzten Einhorn helfen.

In den ersten Filmen wurden die Laternen mit großen, schweren Batterien betrieben, die unter den Roben und Jacken der Schauspieler versteckt waren. Unsere Laterne mit Lichterketten ist wesentlich handlicher und würde die Suche nach mitternächtlichen Unruhestiftern sicher einfacher machen!

Das brauchst du:

- zylindrisches Glasgefäß, das in die Laterne passt
- Lavasteine
- Sand
- Schere
- Torfmoos (alternativ Nylon- oder Metallgitter)
- Pflanzenkohle
- Blumenerde
- Zange für Terrarienpflanzen, Schaufel und Pinsel
- Pflanzen (siehe Seite 42)
- weiße Steine oder Muscheln
- Lichterkette mit Akku
- transparentes Klebeband
- Silikondichtmasse
- Laterne

So geht's:

1. Gib eine Schicht aus Lavasteinen und Sand in das Gefäß.
2. Lege eine 1,2 cm dicke Schicht Torfmoos (oder ein auf die Gefäßform zugeschnittenes Gitter) auf die Lavasteine. Diese Trennschicht verhindert, dass Erde zwischen die Lavasteine gerät. Das schützt die Wurzeln in der Erde vor Staunässe, denn die Lava absorbiert überschüssiges Wasser, wenn das Terrarium übermäßig gegossen wird.
3. Auf das Moos (oder Gitter) legst du die Pflanzenkohle. Sie speichert Feuchtigkeit und verhindert Schimmelbildung. Die Fläche muss nicht komplett bedeckt sein, ein paar locker verteilte Stücke genügen.
4. Gib eine Schicht Blumenerde hinzu.
5. Setze die Pflanzen mithilfe der Zange und der Schaufel in die Erde. Da es sich um ein schmales Gefäß handelt, reichen wahrscheinlich zwei Pflanzen aus. Hier werden Pflanzen mit weißer Musterung verwendet.
6. Reinige das Glas mit dem Pinsel.
7. Gib weiße Steine oder Muscheln hinzu.
8. Befestige die Lichterkette mit Klebeband am Glasboden und wickle sie um das Glas bis zum oberen Rand. Dort fixierst du sie mit Klebeband.
9. Gib einen Klecks Silikondichtmasse auf den Innenboden der Laterne.
10. Setze das Glas mittig in die Laterne. Die Silikondichtmasse hält es an seinem Platz, ohne dass es angeklebt werden muss.
11. Bei geschlossenem Laternendeckel ist der Akku der Lichterkette nicht zu sehen. Schalte sie ein und schließe den Deckel.

Pflanzen

Jedes Fachgeschäft für Zimmerpflanzen sollte eine gute Auswahl an Pflanzen haben, die für Terrarien geeignet sind. Lasse dich vom fachkundigen Personal im Geschäft beraten. Im Internet findest du jede Menge Informationen zu verschiedenen Terrarienpflanzen. Für Filchs Laternenterrarium empfehlen wir:

- *Asplenium nidus* (Nestfarn)
- *Cryptanthus bivittatus* (Erdbromelie)
- *Saxifraga stolonifera* (Hängender Steinbrech)
- *Fittonia albivenis* (Mosaikpflanze)
- *Nephrolepis exaltata* (Schwertfarn)
- *Thuidium delicatulum* (Zartes Thujamoos)

Pflege

Bei diesem offenen Terrarium teilen sich die Pflanzen ein Pflanzgefäß.

- ***Licht:*** Dieses Terrarium braucht helles, aber indirektes Licht. Nach Norden ausgerichtete Fenster sind meist optimal. Am besten gedeihen die Pflanzen bei 8 bis 10 Stunden Licht pro Tag. Unter Umständen ist eine Pflanzenleuchte mit vollem Spektrum erforderlich. Pflanzen wachsen zum Licht hin, daher ist Licht von oben ideal.
- ***Gießen:*** Einmal pro Woche, oder wenn die Pflanzen Anzeichen von schlaffen Blättern zeigen, leicht gießen. Am besten mit einem Zerstäuber oder einer Sprühflasche. Terrarienpflanzen mögen Feuchtigkeit, daher freuen sie sich über etwas Sprühnebel zwischendurch. Wenn die Blätter braun werden und trockene Ränder bekommen, brauchen sie mehr Feuchtigkeit.
- ***Nicht vergessen:*** Entferne abgestorbene Blätter. Wenn die Pflanzen zu groß werden oder andere Pflanzen verdrängen, müssen sie zurückgeschnitten, manchmal sogar umgetopft werden.

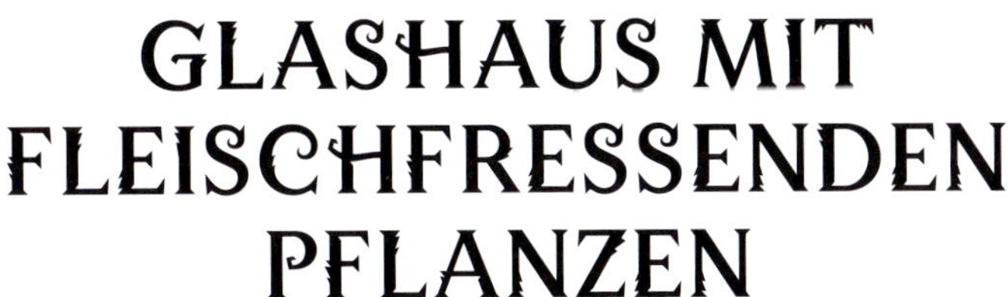

GLASHAUS MIT FLEISCHFRESSENDEN PFLANZEN

„Sir, sind das Tentakelblätter? Die sind sehr wertvoll, nicht?"

„Zehn Galleonen das Blatt beim richtigen Abnehmer – nicht, dass ich mit solchen krummen Geschäften vertraut wäre, aber das erzählt man sich. Meine Interessen sind selbstverständlich akademischer Natur."

HARRY POTTER UND HORACE SLUGHORN,
HARRY POTTER UND DER HALBBLUTPRINZ

SCHWIERIGKEITSGRAD: 3
ZEIT: 1 BIS 2 STUNDEN

Fleischfressende Pflanzen schnappen nicht nach dir wie die Venemosa Tentacula, sie umschlingen dich auch nicht wie die Teufelsschlinge – sie haben nur eine Vorliebe für Insekten und andere kleine Eiweißquellen. Außerdem erreichen sie selten, wenn überhaupt, eine gefährliche Größe. Dafür bestechen sie durch ihr faszinierendes Wesen und sehen wunderbar exotisch aus.

Die Venemosa Tentacula, die in *Harry Potter und der Halbblutprinz* im Gewächshaus zu sehen ist, ist keine fleischfressende Pflanze, dafür hat sie giftige Tentakel. Und obwohl sie sich um Horace Slughorn, den Lehrer für Zaubertränke, windet und an ihm knabbert, findet er, es lohnt sich, ein paar ihrer Blätter abzuschneiden. Für den Schauspieler bestand natürlich keinerlei Gefahr, da die Tentakel der Venemosa Tentacula im Computer entstanden.

Mit diesem Terrarium voller fleischfressender Pflanzen, die von Harrys Begegnungen mit den bedrohlichen Pflanzen in den Filmen inspiriert sind, kannst du Freunde beeindrucken und Feinde erschrecken – natürlich zu rein akademischen Zwecken, wie Slughorn Harry erklärt.

Das brauchst du:

- Glasvitrine
- Kartuschenpresse
- Silikondichtmasse
- Lavasteine
- Sand
- Schere
- Pflanzenkohle
- Torfmoos (alternativ Nylon- oder Metallgitter)
- Erdmischung (hauptsächlich Perlit und Torfmoos)
- Zierkies
- Zange für Terrarienpflanzen, Schaufel und Pinsel
- Pflanzen (siehe Seite 48)
- Moos
- destilliertes Wasser, Regenwasser oder Osmosewasser

So geht's:

1. Dichte die Ränder am Boden der Glasvitrine mit Silikon ab. Trocknen lassen. (Silikondichtmasse trocknet meist innerhalb einer Stunde. Befolge die Packungsanweisungen.) Teste die Dichtung, indem du Wasser in die Vitrine füllst. Wenn sie undicht ist, füge an den undichten Stellen mehr Silikon hinzu und lasse es trocknen.
2. Lege eine 1 cm dicke Schicht Torfmoos (oder ein auf die Gefäßform zugeschnittenes Gitter) auf die Lavasteine.
3. Diese Trennschicht verhindert, dass Erde zwischen die Lavasteine gerät. Das schützt die Wurzeln in der Erde vor Staunässe, denn die Lava absorbiert überschüssiges Wasser, wenn das Terrarium übermäßig gegossen wird.
4. Auf das Moos (oder Gitter) legst du die Pflanzenkohle. Sie speichert Feuchtigkeit und verhindert Schimmelbildung. Die Fläche muss nicht komplett bedeckt sein, ein paar locker verteilte Stücke genügen.
5. Schneide etwas Torfmoos klein, etwa in der Größe von Konfetti, und vermische es mit der Blumenerde. Etwa ⅓ Torfmoos und ⅔ Erde sind optimal. Du brauchst etwa 600 g Erde und etwa 30 g Torfmoos für ein Behältnis dieser Größe.
6. Füge 300 g Zierkies hinzu und vermische das Ganze.
7. Gib eine 25-mm-Schicht dieser Erde über die Pflanzenkohle.
8. Setze die Pflanzen in die Erde und verwende dabei möglichst viel Erde aus den Töpfen, in denen sie geliefert wurden. Schichte die Erde so auf, dass die Pflanzen auf einem Hügel in der Mitte des Terrariums stehen. Verwende die Zange und die Schaufel für schwer zugängliche Stellen. Reinige zum Schluss das Glas mit dem Pinsel.
9. Füge lebendes Moos an nackten Stellen hinzu. Zerkleinere es und verteile es rund um die Pflanzen.
10. Gieße sie gut mit destilliertem, Regen- oder Osmosewasser.

Pflanzen

Jedes Fachgeschäft für Zimmerpflanzen sollte eine gute Auswahl an fleischfressenden Pflanzen haben, die für Terrarien geeignet sind. Lasse dich vom fachkundigen Personal im Geschäft beraten. Fündig wirst du wahrscheinlich auch in Gartencentern, die sich auf Wasserpflanzen spezialisiert haben. Im Internet findest du jede Menge Informationen zu verschiedenen fleischfressenden Pflanzen. Für das Glashaus mit fleischfressenden Pflanzen empfehlen wir:

- *Utricularia dichotoma* (Wasserschlauch)
- *Sarracenia purpurea* (Rote Schlauchpflanze)
- *Pinguicula primuliflora* (Fettkraut)
- *Dionaea muscipula* (Venusfliegenfalle)
- *Drosera* (Sonnentau)

Wardsche Kästen

Die ersten Terrarien wurden im 19. Jahrhundert vom Londoner Arzt Nathaniel Bagshaw Ward entwickelt. Seine Glasbehälter machten es Botanikern, Sammlern und Händlern möglich, Pflanzen aus anderen Teilen der Welt problemlos aufzubewahren und zu befördern. Bis dahin hatte es keine Möglichkeit gegeben, lebende Pflanzen über lange Seewege zu transportieren. Bald wurden die als *Wardsche Kästen* bekannten Minigewächshäuser auch in vielen Häusern Europas und der amerikanischen Ostküste zum Blickfang.

Pflege

Fleischfressende Pflanzen sind NICHT wie andere Zimmerpflanzen. Sie haben klebrige Haare, geheimnisvolle Schläuche, stachelige Fallen und schleimige Blätter. Es handelt sich um Sumpfpflanzen, die besondere Ansprüche bei der Pflege haben. Sie bevorzugen einen nährstoffarmen Boden und sumpfige Bedingungen.

- ***Offen oder geschlossen?*** Fleischfressende Pflanzen mögen es feucht. Daher sind geschlossene Terrarien durchaus geeignet. Damit die Pflanzen ihrem Namen gerecht werden können, empfiehlt sich eine Dach- oder Seitenöffnung, durch die ab und zu ein Insekt ins Terrarium gelangt.

- ***Venusfliegenfallen*** brauchen im Winter eine Pause. In warmen Innenräumen mit viel Licht sterben sie irgendwann ab, wenn sie nicht in Winterruhe gehen können. Um die Bedingungen ihres natürlichen Lebensraums nachzuahmen, musst du sie von November bis Februar an einen kalten Standort umquartieren. Wenn die Tage kürzer werden und die Temperaturen sinken, färben sich die Blätter schwarz, und die Pflanze stirbt bis auf den Wurzelstock (das Rhizom) ab. Keine Sorge, das ist normal. Entferne die abgestorbenen Teile, und im Frühjahr treibt die Venusfliegenfalle wieder aus. Die Bildung der Blüten kostet die Pflanze sehr viel Energie. Schneide den Blütenstiel ab, bevor er etwa 5 cm lang ist, damit die Venusfliegenfalle im Sommer kräftig wächst.

- ***Licht:*** Dieses Terrarium benötigt helles Licht und verträgt über eine längere Phase hinweg direktes Sonnenlicht. Am besten gedeihen die Pflanzen bei 12 Stunden Licht pro Tag. Eine Pflanzenleuchte mit vollem Spektrum ist erforderlich. Pflanzen wachsen zum Licht hin, daher ist Licht von oben ideal.

- ***Gießen:*** Fleischfressende Pflanzen mögen feuchten Boden – er darf aber nicht klatschnass sein. Die Wurzeln müssen atmen können. HINWEIS: Gieße nur mit destilliertem, Regen- oder Osmosewasser. Wasser aus dem Wasserhahn könnte den Pflanzen unter Umständen schaden.

- ***Nicht vergessen:*** Entferne abgestorbene Blätter. Wenn die Pflanzen zu groß werden oder andere Pflanzen verdrängen, müssen sie zurückgeschnitten, manchmal sogar umgetopft werden.

WASSERGARTEN À LA GROSSER SEE

„Also wenn es eine tibetanische Knolle gäbe, mit deren Hilfe ich eine Stunde unter Wasser atmen könnte, super, aber sonst ..."

„Ich weiß nichts von einer Knolle, aber Dianthuskraut klappt auch."

HARRY POTTER UND NEVILLE LONGBOTTOM,
HARRY POTTER UND DER FEUERKELCH

SCHWIERIGKEITSGRAD: 3
ZEIT: 1 STUNDE

Bei der zweiten Aufgabe des Trimagischen Turniers in *Harry Potter und der Feuerkelch* muss Harry im Großen See (im Film Schwarzer See genannt) nach einem „Schatz" tauchen, der ihm entwendet wurde. Aber wie soll er bei der Suche lange genug Luft haben? Zum Glück hegt sein Klassenkamerad Neville Longbottom großes Interesse für Pflanzen – er hat *Magische Wasserpflanzen des Mittelmeers und ihre Wirkungen*, *Winogrand's Wondrous Water Plants* (Winogrands wundersame Wasserpflanzen) und *Sub-Aquatic Botanical Mysteries* (Mysterien der Unterwasserpflanzen) gelesen und gibt Harry den wertvollen Rat, Kiemenkraut beziehungsweise Dianthuskraut einzunehmen.

Es ist zwar nicht bekannt, ob Kiemenkraut eine Unterwasserpflanze ist, doch gibt es viele Pflanzen, die unter Wasser gedeihen, darunter verschiedene Farn- und Moosarten, die die Inspiration zu diesem faszinierenden Arrangement lieferten. Mit deinem eigenen Unterwassergarten samt Gläsern unterschiedlicher Größe und auffälligen Wasserpflanzen wirst du auf jeden Fall punkten.

Das brauchst du:

- 3 Glasgefäße
- Zange für Terrarienpflanzen
- Wasserpflanzen (siehe Pflanzen und Pflege auf Seite 54)
- Terrakottatopf (optional)
- dekorativer Aquarienkies
- Sieb
- Muscheln (optional)

So geht's:

1. Besorge dir zuerst die Wasserpflanzen. Die Höhe und die Bedürfnisse der Pflanzen bestimmen die Größe des Gefäßes, das du wählen solltest. Ideen für Pflanzen findest du auf Seite 54.
2. Reinige jedes Gefäß innen und außen.
3. Spüle Muscheln und alles, was in die Gläser kommt, gründlich mit klarem Wasser. Den Kies kannst du in einem Sieb abbrausen.
4. Bedecke den Boden 4 cm hoch mit dekorativem Aquarienkies.
5. Setze eine Wasserpflanze mit einer Zange für Terrarienpflanzen ein. Die Pflanzen können mit einer weiteren Schicht Kies fixiert werden.
6. Wenn du einen Terrakottatopf verwendest, platziere ihn auf dem Aquarienkies, fülle ihn teilweise mit Kies, setze die Pflanze in den Topf und füge weiteren Kies hinzu, bis die Pflanze gut verankert ist.
7. Schütte Kies in das Gefäß, bis der Boden der Pflanze bedeckt und die Pflanze gut verankert ist.
8. Verteile den Kies gleichmäßig.
9. Füge nach Belieben Muscheln hinzu.
10. Fülle das Gefäß mit Wasser auf.

Pflanzen

Ein breite Auswahl an Wasserpflanzen findest du in Aquariengeschäften und im Zoofachhandel. Die Vielfalt an Blattformen, Farben, Dichte und Höhe ist enorm. Empfohlene Pflanzen für dieses Projekt:

Bolbitis heteroclita (Geschwänzter Wasserfarn)

Bolbitis heudelotii (Kongowasserfarn)

Taxiphyllum barbieri (Javamoos)

Echinodorus amazonicus (Schmalblättrige Amazonasschwertpflanze)

Pflege

Wasserpflanzen kann man nicht überwässern!

- ***Licht:*** Wasserpflanzen brauchen helles Licht, daher ist eine Pflanzenleuchte mit vollem Spektrum erforderlich. Pflanzen wachsen zum Licht hin, weshalb Licht von oben ideal ist.
- ***Gießen:*** Das Wasser muss etwa alle zwei Wochen gewechselt werden oder wenn es trüb aussieht.
- ***Nicht vergessen:*** Entferne abgestorbene Blätter. Wenn die Pflanzen zu groß werden oder andere Pflanzen verdrängen, müssen sie zurückgeschnitten, manchmal sogar umgetopft werden.

Magischer Moment

Winogrand's Wondrous Water Plants ist ein Kräuterkundebuch von Selina Sapworthy, das sich speziell mit Sir Winogrands Sammlung von Wasserpflanzen aus afrikanischen Seen beschäftigte. Der Buchumschlag wurde von MinaLima und der Grafikabteilung für die Harry-Potter-Filme gestaltet.

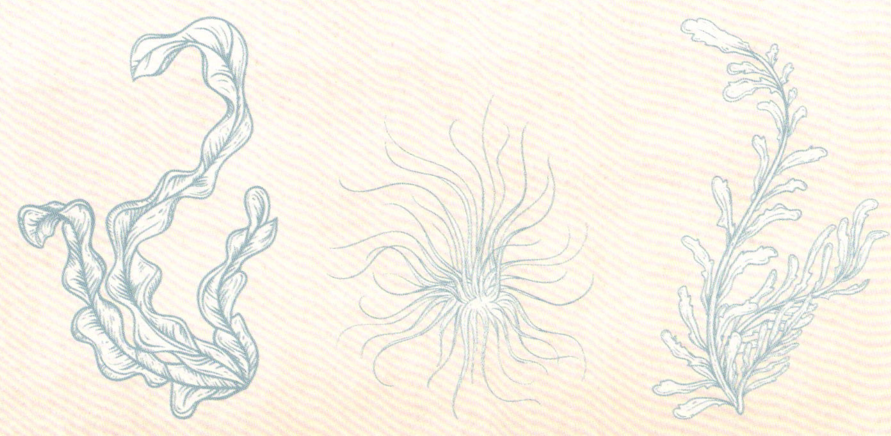

LUNA LOVEGOODS MAGISCHE HALSKETTE

„Was für ein netter Anhänger."

„Ja, es ist ein Amulett. Es beschützt mich vor Nargeln."

HERMINE GRANGER UND LUNA LOVEGOOD,
HARRY POTTER UND DER ORDEN DES PHÖNIX

SCHWIERIGKEITSGRAD: 1
ZEIT: ETWA 30 MINUTEN

In *Harry Potter und der Orden des Phönix* stellt Hermine ihren Freunden Harry, Ron und Neville auf dem Weg nach Hogwarts die Ravenclaw-Schülerin Luna Lovegood vor. Hermine bewundert Lunas ungewöhnliche Halskette aus blauen Perlen, an denen der Korken einer Butterbierflasche baumelt. Luna zufolge soll dieser Anhänger Nargel fernhalten, denn die magischen Kreaturen stiften gern Unruhe. Da Luna die Kette während ihres letzten Schuljahrs in *Harry Potter und die Heiligtümer des Todes – Teil 2* noch immer trägt und sich nie über nervige Nargel beschwert hat, kann man davon ausgehen, dass ihr Anhänger funktioniert.

Glücksbringer wie Lunas Kette gibt es für alle erdenklichen Zwecke wie Glück, Reichtum, Sicherheit und Mut – sogar für üppiges Wachstum im Garten. Nach dem Vorbild von Luna Lovegood kannst du deine eigene Halskette kreieren – und im Anhänger einen magischen Garten mit dir herumtragen.

Das brauchst du:

- kleines Fläschchen mit Korkverschluss
- zerkleinerte Aktivkohlestücke
- Kakteenerde
- Moos
- Zahnstocher oder Holzspieß
- Pinzette
- Zweig einer kleinen Terrarienpflanze (siehe Seite 59)
- Glasperle, farbiger kleiner Stein oder winzige Muschel
- Pipette
- Halskette
- Schmuckanhänger
- Spitzzange

HINWEIS: Kleine Fläschchen sind in verschiedenen Ausführungen im Bastelhandel erhältlich. Sie eignen sich auch gut als Geschenk und Mitbringsel.

So geht's:

1. Lege auf den Boden der Flasche ein, zwei Stückchen Aktivkohle. Sie hält Feuchtigkeit und Algen in Schach.
2. Gib etwas Kakteenerde in die Flasche und fülle sie mindestens zu ⅓ auf. Leicht andrücken.
3. Füge Moos hinzu und drücke es leicht fest.
4. Stich mit einem Zahnstocher oder Holzspieß ein kleines Loch in Moos und Erde. Setze den Zweig von einer Terrarienpflanze mit kleinen Blättern ein. Winzige Farne eignen sich optimal.
5. Füge einen farbigen Stein, eine kleine Muschel oder eine Glasperle als Hingucker hinzu.
6. Fülle mit der Pipette Wasser ein. Ein paar Tropfen genügen.
7. Verschließe die Flasche und führe die Halskette durch die Öse am Korken. Befestige auch die Anhänger mit der Spitzzange.
8. Fertig ist deine magische Halskette! Wenn sie wirkt, solltest du vor Nargeln verschont bleiben!

Pflanzen

- ***Terrarienpflanzen:*** Im Pflanzengeschäft vor Ort findest du eine Vielzahl von kleinblättrigen Pflanzen für Terrarien. Alles, was du brauchst, ist ein winziger Zweig oder ein kleines Stück mit etwas Wurzel.
- ***Sukkulenten:*** Verwende kleine Zweige von Sukkulenten, die etwa 1 Woche angetrocknet sind.
- ***Luftpflanzen*** (Tillandsien) brauchen keine Erde, nur ein wenig Sand.
- ***Chiasamen:*** Ziehe die Pflanzen deines Terrariums aus Samen.
- ***Moos:*** Halte im Garten oder bei einem Spaziergang in der Natur Ausschau nach einheimischen Moosen.

Pflege

- ***Licht:*** Wenn du den Anhänger nicht trägst, kannst du das Fläschchen in indirektem, hellem Licht aufbewahren.
- ***Gießen:*** Die Pflanzen brauchen nur Wasser, wenn sie trocken aussehen. Ist die Flasche gut verschlossen, bleibt die Feuchtigkeit erhalten, und die Pflanzen brauchen kein zusätzliches Wasser. Wenn das Glas dauerhaft beschlägt, sollte der Kork abgenommen werden, damit die Erde etwas trocknet.
- ***Nicht vergessen:*** Schneide die Pflanzen, falls sie zu groß werden, und entferne abgestorbene Teile.

Kapitel 2

DEKO-IDEEN FÜR DRINNEN

„Starke Heilkräuter stehen im Mittelpunkt dieses unentbehrlichen Nachschlagewerks für angehende Hexen- oder Zauberärzte. Auch für den Hausgebrauch ist dieses Buch von unschätzbarem Wert, wenn man einen Hauch von medizinischer Magie braucht."

UMSCHLAGTEXT VON *HEALING AT HOME WITH HERBS* (MIT KRÄUTERN ZU HAUSE HEILEN) VON PHYLLIDA SPORE

HERBOLOGY

POMONA SPROUTS KRÄUTERGARTEN

„Guten Morgen, Professor Sprout!"

ZWEITKLÄSSLER IM KRÄUTERKUNDEUNTERRICHT,
HARRY POTTER UND DIE KAMMER DES SCHRECKENS

SCHWIERIGKEITSGRAD: 2
ZEIT: 2 STUNDEN

Jeder angehende Kräuterkundler, den Professor Sprouts Gewächshaus in den Filmen inspiriert hat, weiß, wie wichtig es für das persönliche Wohlbefinden ist, im eigenen Gewächshaus Heilpflanzen und Küchenkräuter zur Hand zu haben. Ob Frühstück, Mittag- oder Abendessen – die hier vorgestellten Pflanzen verzaubern jede Mahlzeit. Und das Beste: Dein Küchenkräutergarten findet sogar Platz auf der Fensterbank oder auf der Arbeitsplatte! So hast du immer frische Kräuter wie Thymian und Dill griffbereit, die deinen Suppen, Salaten und Hauptgerichten magischen Pep verleihen.

Viele Pflanzen, zum Beispiel Rosmarin und Minze, schmecken nicht nur gut – sie verströmen auch würzige Aromen. Bei genügend Sonnenlicht gedeihen deine Kräuter problemlos und sind ein duftender Blickfang in der Küche. Mit dem rustikalen Pflanzgefäß kannst du dein kräuterkundliches Wissen, dein Gespür für kulinarische Finesse und deinen grünen Daumen wunderbar zur Geltung bringen.

Das brauchst du:

- 🥽
- 🎧
- Bandmaß
- Zaunlatte aus Zedernholz, 1,5 cm x 14 cm x 185 cm
- Kreissäge oder Handsäge
- Hammer
- Bohrmaschine und Bohrer (ø 2 mm)
- 12 Drahtstifte, 25 mm lang
- 5 cm große Buchstaben, die HERBOLOGY (oder Kräuterkunde) ergeben
- flacher Pinsel (12 mm)
- 2 Acrylfarben deiner Wahl (z. B. Hellgrün und Rosa)
- Bleistift
- Holzleim
- 4 Terrakottatöpfe, ø 10 bis 13 cm, mit Untersetzern

So geht's:

1. Schneide aus der Zaunlatte ein 60 cm langes Brett als Frontteil.
2. Schneide aus der Zaunlatte mit der Säge ein 58 cm langes Brett für den Boden.
3. Schneide aus der Zaunlatte zwei 14 x 14 cm große Quadrate als Seitenteile.
4. Setze die Seitenteile an die Schmalseiten des Bodens, dann leime und nagle sie bündig mit je 3 Nägeln an der Unterseite fest. Wenn du die Löcher vorsichtig mit der Bohrmaschine vorbohrst, verhinderst du, dass das Holz splittert.
5. Leime die Vorderkante des Bodens und nagle das Frontteil fest.
6. Bemale die Buchstaben mit Acrylfarbe. Wir haben Hellgrün für die Vorderseite und Rosa für die Ränder verwendet, aber du kannst natürlich auch jeden anderen Farbton verwenden. Vielleicht hast du ja noch Farbe zu Hause? Es eignet sich jede Art von Acrylfarbe. Die Buchstaben brauchen möglicherweise mehr als einen Anstrich.
7. Wenn die Farbe trocken ist, ordnest du die Buchstaben auf dem Frontteil an. Achte darauf, dass die Buchstaben in der Mitte sitzen und die Abstände stimmen. Mit dem Bleistift kannst du vorsichtig Hilfslinien und Markierungen anbringen.
8. Verteile mit einem alten Pinsel gleichmäßig Kleber auf der Rückseite der Buchstaben. Dann klebst du die Buchstaben auf die Frontseite.
9. Pflanze deine Lieblingskräuter in die Terrakottatöpfe. Geeignete Pflanzen findest du auf Seite 65. Sobald der Kleber getrocknet ist, stellst du die Kräuter in den Holzkasten – am besten so, dass sie beim Kochen immer griffbereit sind!

Pflanzen

Gartencenter und Lebensmittelgeschäfte mit Pflanzenabteilungen haben geeignete Kräuter für Innenräume. Lass dich vom Fachpersonal beraten! Weitere Informationen findest du auf Seite 68/69.

Basilikum

Kerbel

Minze

Oregano

Rosmarin

Salbei

Schnittlauch

Thymian

Pflege

Diese Pflanzen brauchen regelmäßige Pflege.

- ***Licht:*** Direktes Sonnenlicht ist optimal. In Innenräumen brauchen die Pflanzen den ganzen Tag über helle Sonne. Nach Süden ausgerichtete Fenster sind am besten geeignet.
- ***Gießen:*** Kräuter in Töpfen brauchen regelmäßig Wasser, im Allgemeinen ein paar Mal pro Woche. Allerdings stellt jede Pflanze andere Anforderungen. Lies auf den Etiketten nach, welche Bedingungen ideal sind. Pflanzen mit ähnlichen Bedürfnissen passen am besten zusammen. Zudem wirken sich auch Faktoren wie direkte oder indirekte Sonneneinstrahlung und Zugluft durch offene Fenster auf den Wasserbedarf aus.
- ***Nicht vergessen:*** Entferne regelmäßig abgestorbene Blätter.

KÜCHENKRÄUTERKUNDE

„Ein umfassendes botanisches Verzeichnis von A bis Z mit magischen Kräutern und Pilzen zur einfachen Identifizierung von Pflanzen"

COVERTEXT VON *TAUSEND ZAUBERKRÄUTER UND -PILZE* VON PHYLLIDA SPORE

In *Harry Potter und die Kammer des Schreckens* besucht Harry zum ersten Mal den Fuchsbau, das Zuhause seines Freundes Ron Weasley. Dort erlebt Harry, wie so ein magischer Haushalt funktioniert. Rons Mutter Molly „strickt" ihren Kindern warme Wollkleidung, ohne dabei selbst Hand anzulegen, und „spült" das Geschirr mithilfe eines Abwaschzaubers! In der Küche fällt Harry auch ein Stapel Kochbücher auf, darunter *Festessen in einer Minute – Das ist Hexerei!* und *Magie beim Backen*. Für den Film steuerten die Grafikdesigner Miraphora Mina und Eduardo Lima sogar ihre eigene Kochbuchidee bei: *Cooking the Muggle Way* (Kochen auf Muggelart).

Vor dem Fuchsbau befindet sich ein ansehnlicher Kräutergarten. Man kann also annehmen, dass Molly Weasley ihre Gerichte mit frischen Kräutern verfeinert. Die sorgen nicht nur für ein großartiges Geschmackserlebnis, sondern können auch gesundheitsfördernd sein. Daher ist es hilfreich, ein paar grundlegende Fakten über Kräuter zu wissen. Im Folgenden findest du einige der beliebtesten Kräuter für den Anbau drinnen und draußen.

Basilikum

OCIMUM BASILICUM

Basilikum ist in den Tropen von Zentralafrika bis Südostasien beheimatet. Die Franzosen bezeichnen es als „l'herbe royale" (das königliche Kraut). Einige Sorten können mehr als einen Meter hoch werden! Seine entzündungshemmenden Eigenschaften senken das Risiko von Arthritis, Herzkrankheiten und Darmproblemen. Basilikum ist eines der Kräuter, die man am einfachsten anbauen kann!

Dill

ANETHUM GRAVEOLENS

Dill gehört zur Familie der Selleriegewächse und wurde im Grab des ägyptischen Pharaos Amenophis II. aus der Zeit um 1400 v. Chr. gefunden. Da sein Duft mit anderen Speisen harmoniert, eignet sich Dill auch zum Garnieren. Achte darauf, ihn nicht zu lange zu kochen, da er mit der Zeit an Geschmack verliert. Frischer Dill bereichert nicht nur Essiggurken, sondern auch Suppen und viele weitere Gerichte!

Estragon

ARTEMISIA DRACUNCULUS

Der auch als Drachenkraut bekannte Estragon stammt aus Sibirien und kann bis zu einem Meter hoch werden! Er fördert die Gesundheit, mindert Entzündungen und Schmerzen, senkt den Blutzuckerspiegel und wirkt sich positiv auf den Schlaf, den Appetit und das Herz aus. Nicht zuletzt deshalb wird Estragon in vielen französischen Gerichten verwendet, etwa in Salatdressings, zu Hühnchen und im Kartoffelsalat. Seine Blätter können ganz oder gehackt verwendet werden. Frischer Estragon sollte erst gegen Ende der Zubereitung hinzugefügt werden, denn zu lange gekocht wird er bitter. Getrocknet hingegen schmeckt er weniger intensiv und kann schon früher hinzugefügt werden.

Kerbel

ANTHRISCUS CEREFOLIUM

Sein botanischer Name kommt aus dem Griechischen und bedeutet „Blätter der Freude". Leider finden ihn auch Schnecken ausgesprochen lecker.

Koriander

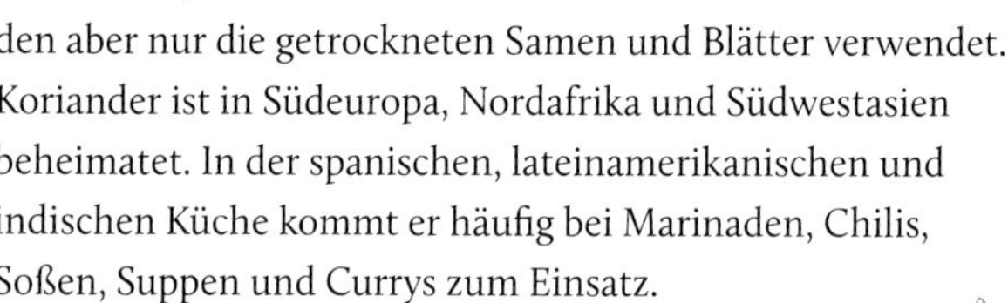

CORIANDRUM SATIVUM

Alle Teile der Korianderpflanze, die auch als Chinesische Petersilie bekannt ist, sind essbar. Meist werden aber nur die getrockneten Samen und Blätter verwendet. Koriander ist in Südeuropa, Nordafrika und Südwestasien beheimatet. In der spanischen, lateinamerikanischen und indischen Küche kommt er häufig bei Marinaden, Chilis, Soßen, Suppen und Currys zum Einsatz.

Lavendel

LAVANDULA OFFICINALIS

Es gibt 47 bekannte Lavendelarten. Lavendel ist in ganz Europa, im Mittelmeerraum, in Asien und Indien heimisch. Seine ätherischen Öle werden in vielen Bereichen eingesetzt, von der Medizin über die Kosmetik bis hin zu Reinigungsmitteln.

Majoran

ORIGANUM MAJORANA

Majoran, auch Bad- oder Wurstkraut genannt, ist im Mittelmeerraum und in Westasien beheimatet. Bei den alten Griechen und Römern war er als Glückssymbol bekannt. Er wird häufig in Marinaden für Fisch, Huhn und Lamm verwendet.

Minze

MENTHA

Auch wenn es viele Erscheinungsformen der Minze gibt – glänzend, kraus, glatt, samten, leuchtend grün oder bunt –, haben alle Arten eines gemein: ihren unverwechselbaren Duft. Ein weiteres Kennzeichen ist ihr charakteristischer quadratischer Stiel. Minze solltest du immer in einen Topf anpflanzen. In der Erde gedeiht sie üppig und verdrängt benachbarte Pflanzen. Junge Blätter sind geschmacksintensiver als ältere. Köche bevorzugen gewöhnlich Grüne Minze für herzhafte Gerichte und Pfefferminze für Desserts.

Oregano

ORIGANUM VULGARE HIRTUM

Der auch als Wilder Majoran bezeichnete Oregano stammt aus dem Mittelmeerraum, hat sich aber auf der ganzen Nordhalbkugel verbreitet. Er findet vor allem in der türkischen, griechischen, spanischen, italienischen, mexikanischen und französischen Küche Verwendung, vor allem in Gerichten auf Tomatenbasis und in Kombination mit Olivenöl. Oregano behält auch getrocknet sein Aroma. Er ist optimal für einen Topfgarten auf der Fensterbank.

Petersilie

PETROSELINUM CRISPUM

Die Petersilie stammt aus dem zentralen und östlichen Mittelmeerraum. Heute ist sie weltweit verbreitet. Petersilie enthält viel Vitamin K, das für gesunde Knochen sorgt. Sie passt zu nahezu jedem Gericht und wird wegen ihres Aussehens rund um den Globus gern zum Garnieren verwendet.

Rosmarin

SALVIA ROSMARINUS

Der immergrüne Strauch mit nadelartigen Blättern stammt ursprünglich aus dem Mittelmeerraum. Erstmals erwähnt wurde er vor 7000 Jahren auf mesopotamischen Steintafeln. Rosmarin wird oft als dekorative Landschaftspflanze und in Sinnesgärten verwendet. Er eignet sich ideal zum Würzen von Füllungen und gebratenem Fleisch.

Salbei

SALVIA OFFICINALIS

Salbei ist ein immergrüner Strauch mit holzigen Stämmen, graugrünen Blättern und blauen Blüten. Er kommt ursprünglich aus dem Mittelmeerraum und hat einen erdigen, würzigen Geschmack, der gut zu deftigen Wurst- und Fleischgerichten, aber auch zu Pasta passt. Als alte Heilpflanze wurden ihm einst sogar magische Kräfte zugesprochen.

Schnittlauch

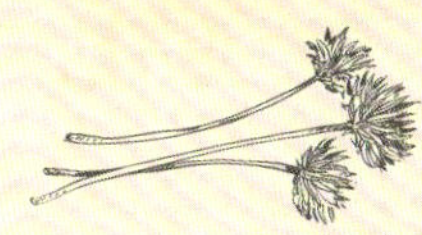

ALLIUM SCHOENOPRASUM

Schnittlauch ist in Europa, Asien und Nordamerika heimisch. Beliebt ist er vor allem, weil seine runden, röhrenförmigen Blätter ein milderes Aroma haben als seine nahen Verwandten, zu denen Zwiebeln, Knoblauch, Schalotten, Lauch und Frühlingszwiebeln gehören.

Thymian

THYMUS VULGARIS

Thymian ist im Mittelmeerraum beheimatet – schon die alten Ägypter verwendeten die Pflanze bei ihren Einbalsamierungsritualen! Die Römer nutzten ihn zur Reinigung von Räumen. Im Mittelalter sollten unter das Kopfkissen gelegte Zweige den Schlaf fördern und Albträume vertreiben! Thymian wird häufig in herzhaften Gerichten wie gebratenem Fleisch, Gemüse und Fisch sowie beim Backen verwendet.

Zitronenmelisse

MELISSA OFFICINALIS

Die Zitronenmelisse gehört zu den Minzen und ist so ziemlich überall verbreitet, auch wenn sie ursprünglich im Mittelmeerraum beheimatet war. Ihre Blätter werden als Gewürz sowie in Tees, Bonbons und Zahnpasta verwendet. Zitronenmelisse dient auch als Bienenweide.

Zitronengras

CYMBOPOGON CITRATUS

Das auch als Westindisches Zitronengras bekannte Kraut ist in Asien, Afrika und Australien zu Hause. Sein Öl wird in Seifen und als natürliches Insektenschutzmittel verwendet. In der Imkerei imitiert sein Öl die Pheromone der Honigbiene, um Bienen in einen Bienenstock oder zu einem Schwarm zu locken. Am häufigsten wird Zitronengras gehackt oder zerstoßen in Marinaden oder gegrilltem Fleisch für ein süßes, zitrusartiges Aroma verwendet.

PORTSCHLÜSSEL-PFLANZGEFÄSSE

„Das ist nicht irgendein gammliger Stiefel. Das ist ein Portschlüssel."

FRED UND GEORGE WEASLEY,
HARRY POTTER UND DER FEUERKELCH

SCHWIERIGKEITSGRAD: 1
ZEIT: 1 STUNDE

In der Zauberwelt gibt es verschiedene magische Fortbewegungsmöglichkeiten – per Besen oder Thestral, im Fahrenden Ritter, mit Flohpulver und durch Apparieren. Oder mit einem Portschlüssel, also einem Gegenstand, der verzaubert wurde, um seinen Benutzer zu einer bestimmten Zeit an einen bestimmten Ort zu bringen. Das kann alles Mögliche sein: ein Buch, ein Eimer oder eine Haarbürste. In *Harry Potter und der Feuerkelch* lassen sich Arthur, Fred, George und Ron Weasley, Amos und Cedric Diggory, Hermine und Harry mit einem Schuh zur 422. Quidditch-Weltmeisterschaft transportieren. Für diesen Portschlüssel kauften die Requisitenbauer neue Schuhe und trugen sie dann wochenlang im Studio, um sie „auszulatschen". Am Ende sahen die Schuhe dann aus, als hätten sie lange auf einem Feld herumgelegen.

Unsere Pflanzgefäße sind eine Hommage an die Portschlüssel. Wer keinen schäbigen Schuh zur Hand hat, kann auch eine ausrangierte Teekanne, eine alte Vase oder andere Alltagsgegenstände zum Pflanzgefäß umfunktionieren – schließlich kann ja auch jeder beliebige Gegenstand als Portschlüssel dienen.

Das brauchst du:

- ausrangierte Alltagsgegenstände wie Schuh, Teekanne oder Vase, vorzugsweise mit Abflussloch
- Lavasteine
- Sand
- Steine (optional)
- Schere
- Torfmoos (ersatzweise Nylon- oder Metallgitter)
- Pflanzenkohle
- Blumenerde
- Pflanzen (siehe Seite 73)

So geht's:

1. Das perfekte Portschlüssel-Pflanzgefäß hat Abflusslöcher im Boden. Wenn nicht, musst du mit Bedacht gießen und einen Untersetzer im Pflanzgefäß verstecken. Verwendest du einen alten Schuh, steht die Pflanze in einem Topf samt Untersetzer; den vorderen Teil des Schuhs füllst du mit Steinen.
2. Lege eine etwa 2 cm dicke Schicht Lavasteine und Sand auf den Boden des Gefäßes.
3. Platziere eine 12-mm-Schicht Torfmoos (oder ein auf die Gefäßform zugeschnittenes Gitter) auf den Lavasteinen. So vermischt sich die Erde nicht mit den Lavasteinen, und es entsteht eine Schicht, in der sich das Wasser bei übermäßiger Bewässerung sammelt.
4. Lege die Pflanzenkohle auf das Moos (oder Gitter).
5. Fülle so viel Blumenerde ein, dass noch 2,5 bis 5 cm vom oberen Rand des Pflanzgefäßes frei bleiben.
6. Zum Schluss setzt du eine Pflanze ins Gefäß. Eine große Pflanze pro Portschlüssel genügt.

Pflanzen

Geeignete Zimmerpflanzen findest du im Pflanzengeschäft, Gartencenter oder Baumarkt. Lasse dich vom fachkundigen Personal beraten!
Die in den abgebildeten Pflanzgefäßen verwendeten Pflanzen sind:

- *Nephrolepsis biserratta* 'Macho'
- *Platycerium bifurcatum* (Geweihfarn)
- *Chlorophytum comosum* (Grünlilie)

Pflege

Bei den oben genannten Pflanzen handelt es sich um gewöhnliche Zimmerpflanzen, die regelmäßige Pflege brauchen, vor allem:

- ***Licht:*** Die meisten Zimmerpflanzen sind Unterholzpflanzen, die gedämpftes Licht oder leichten Schatten benötigen. Daher sind indirektes Licht oder nach Norden ausgerichtete Fenster ideal. Bei 8 Stunden Licht pro Tag gedeihen die Pflanzen am besten.
- ***Gießen:*** Ein Mal pro Woche gießen reicht für Zimmerpflanzen wie diese aus. Achte darauf, dass die Erde nicht zu nass (oder trocken!) ist. Hängende Blätter sowie trockene oder braune Ränder zeigen an, dass die Pflanzen mehr Feuchtigkeit benötigen.
- ***Nicht vergessen:*** Entferne abgestorbene Blätter, damit die Pflanzen hübsch aussehen.

PFLANZENKÄFIG MIT WICHTELN

„Frisch gefangene Wichtel aus Cornwall! Lachen Sie ruhig, Mr Finnigan, aber Wichtel sind verteufelt trickreiche kleine Biester."

PROFESSOR GILDEROY LOCKHART,
HARRY POTTER UND DIE KAMMER DES SCHRECKENS

SCHWIERIGKEITSGRAD: 4
ZEIT: 5 BIS 6 STUNDEN

Gilderoy Lockhart, der Lehrer für Verteidigung gegen die dunklen Künste, will sich in der ersten Unterrichtsstunde mit den Zweitklässlern damit begnügen, anhand der Wichtel aus Cornwall über die schlimmsten Kreaturen der Zauberwelt zu referieren. Dabei sind die blauen Unruhestifter nichts im Vergleich zu den Werwölfen, Trollen und Vampiren, die sich in seinen beliebten Büchern tummeln. Andererseits ist Lockhart, wie er letztlich gesteht, den Biestern nie wirklich begegnet. Kein Wunder also, dass er die Wichtel nicht in den Griff bekommt, als sie aus ihrem Käfig entkommen und Chaos im Klassenzimmer anrichten.

In *Harry Potter und die Kammer des Schreckens* waren zwanzig digital erschaffene Wichtel zu sehen, die im Hintergrund, in der Mitte und im Vordergrund platziert wurden, um den Eindruck von Tiefe zu erzeugen. Das Team für Spezialeffekte zog mit dünnen Drähten an den Büchern und Papieren, damit sie herunterfielen oder durch den Raum flogen. Die Schauspieler ergänzten die Szene, indem sie Requisiten zu Boden warfen.

Mit diesem Luftpflanzenkäfig holst du dir einen Hauch von Zauberwelt in die eigenen vier Wände. Die hier verwendeten Luftpflanzen werden den Wichtel aus Cornwall auch ohne den Zauberspruch *Immobilus!* im Zaum halten.

Das brauchst du:

- Dekokäfig
- Alufolie
- Blumendraht
- Spitzzange
- Drahtschneider
- Metallgitter
- Stecknadeln
- ofenhärtende Modelliermasse
- Modellierschlingen für Ton mit verschiedenen Enden
- zwei schwarze Glasperlen
- Backofen
- Flach-, Rund-, und Schlepperpinsel
- ultramarinblaue Acrylfarbe
- türkise Acrylfarbe
- hellblaue Acrylfarbe
- rosa Acrylfarbe
- Cutter
- transparentes Plastik (zum Beispiel von einer Verpackung)
- Sekundenkleber
- Schere
- Angelschnur
- Aquarienkies
- Luftpflanzen (siehe Seite 78)

So geht's:

1. Besorge dir zunächst einen dekorativen Käfig. Dieser bestimmt die Größe des Wichtels sowie die Größe und Anzahl der Luftpflanzen.
2. Knülle Alufolie fest zu einem Torso für den Wichtel zusammen.
3. Schneide mit der Spitzzange und dem Drahtschneider aus dem Blumendraht Stücke für Arme, Beine und Hals ab. Stecke die Stücke in den Torso.
4. Fertige eine runde Kopfform aus Alufolie an. Schneide Ohren aus Metallgitter aus und befestige sie mit Stecknadeln am Kopf. Dann steckst du zwei Fühler aus Blumendraht in den Kopf. Die Bilder auf Seite 77 und 79 kannst du als Vorlage verwenden. Befestige den Kopf aber noch nicht am Torso.
5. Überziehe den Torso mit Modelliermasse und backe ihn wie auf der Packungsanleitung der Modelliermasse angegeben. Danach lässt du ihn abkühlen.

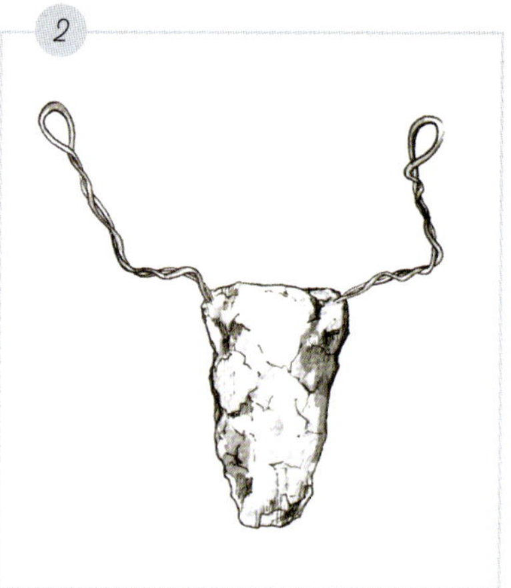

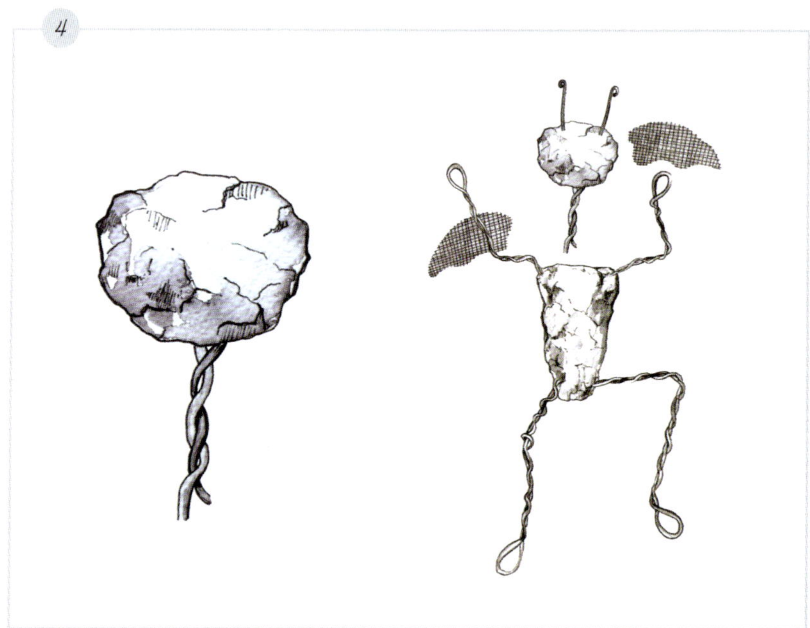

6. Stecke nach dem Abkühlen den Kopf auf den Hals. Überziehe das Ganze mit Modelliermasse, forme das Gesicht und die Ohren. Drücke Höhlen für die Augen ein und forme Wangen, Augenbrauen und Nase aus Modelliermasse. Drücke die schwarzen Glasperlen in die Augenhöhlen. HINWEIS: Verwende keine Plastikperlen, da sie im Ofen schmelzen!
7. Das Gesicht ist der schwierigste Teil, aber es muss nicht perfekt sein. Schließlich sind Wichtel aus Cornwall nicht dafür bekannt, besonders hübsch zu sein! Wenn du fertig bist, kommt der Kopf samt Torso zur nächsten Backrunde in den Ofen.
8. Nach dem Abkühlen formst du die Arme aus Modelliermasse. Das geht am einfachsten, wenn du die Modelliermasse stückweise flach drückst, um die Blumendrahtarme des Wichtels legst und dann die Übergänge modellierst. Anschließend wieder backen und abkühlen lassen.
9. Nun modellierst du die Hände. Möglicherweise musst du für die Finger weiteren Blumendraht hinzufügen. Denke daran, dass Wichtel aus Cornwall je drei Finger und drei Zehen haben! Anschließend wieder backen und abkühlen lassen.
10. Nach dem Abkühlen kannst du mit dem Bemalen beginnen. Grundiere den Wichtel zunächst marineblau.
11. Danach trägst du Türkis auf.
12. Auf Brust, Bauch, Schultern, Gelenken und Wangen trägst du etwas weiße Farbe auf und verteilst sie mit einem Schwämmchen.
13. Mit dem feinen Schlepperpinsel malst du Zähne, Krallen und Nägel.
14. Schneide aus dem transparenten Plastikstück mit einem Hobbymesser 4 Flügel aus.
15. Klebe die Flügel mit Sekundenkleber auf dem Rücken des Wichtels an.
16. Binde den Wichtel oben am Käfig mit einer Angelschnur fest, als würde er schweben.
17. Fülle den Boden des Käfigs mit Aquarienkies. So schaffst du eine Unterlage, die für eine leichte Luftzirkulation unter der Pflanze sorgt.
18. Setze die Luftpflanzen in den Käfig.
19. An der Außenseite des Käfigs kannst du mit Draht weitere Luftpflanzen befestigen.
20. Jetzt brauchst du nur noch einen schönen, sonnigen Platz, am dem du den Käfig aufhängst.

Pflanzen

Luftpflanzen (Tillandsien) sind eine kuriose Pflanzengattung mit über 650 Arten. Sie sind Epiphyten, also Pflanzen, die keinen Boden zur Nährstoffversorgung brauchen. Die meisten Pflanzengeschäfte haben ein breites Angebot an Luftpflanzen. Für den Pflanzenkäfig empfehlen wir:

- *Tillandsia bulbosa* (Regenwaldtillandsie)
- *Tillandsia caput-medusae*
- *Tillandsia xerographica*
- *Tillandsia juncifolia*

Pflege

Bei diesem Projekt handelt es sich um ein Freiluftterrarium. Die Pflanzen gedeihen am besten bei guter Luftzirkulation und Temperaturen zwischen 16 und 27 °C. Im Sommer freuen sie sich über einen geschützten Platz im Freien. Luftpflanzen fühlen sich in feuchter Umgebung am wohlsten; in trockenen Innenräumen empfiehlt sich ein Luftbefeuchter.

- ***Licht:*** An einen Ort mit indirektem, hellem Licht platzieren.
- ***Gießen:*** Luftpflanzen müssen ein Mal in der Woche in Wasser getaucht werden. Dazwischen freuen sie sich, wenn du sie mit kalkfreiem Wasser besprühst.

BLUMENAMPELN IN DEN HAUSFARBEN VON HOGWARTS

„Schön, in wenigen Augenblicken lauft ihr durch diese Tür und setzt euch zu euren Klassenkameraden. Aber bevor es so weit ist, werden wir feststellen, in welche Häuser ihr kommt. Es gibt Gryffindor, Hufflepuff, Ravenclaw und Slytherin."

PROFESSOR MINERVA McGONAGALL,
HARRY POTTER UND DER STEIN DER WEISEN

SCHWIERIGKEITSGRAD: 2
ZEIT: 2 STUNDEN

Die vier Häuser von Hogwarts sind nach den Gründern der Schule benannt: Godric Gryffindor, Helga Hufflepuff, Rowena Ravenclaw und Salazar Slytherin. Jedes Haus spiegelt die Vorlieben der Gründer mit unterschiedlichen Farben und Wappentieren wider. Die vier Häuser lieferten auch die Inspiration zu diesen Blumenampeln.

Gryffindors sind für ihren Mut, ihre Tapferkeit und ihre Entschlossenheit bekannt. Ihr Wappen zeigt einen Löwen, umrahmt von den Hausfarben Rot und Gold. Hufflepuff-Schüler sind für ihre Hingabe, Geduld und Loyalität bekannt. Ihr Wappen zeigt einen Dachs inmitten der Hausfarben Gelb und Schwarz. Ravenclaws sind für ihre Scharfsinnigkeit, ihre Lernbegierde und ihre Weisheit bekannt. Ihr Wappentier, der Adler, ist von den Hausfarben Blau und Silber umgeben. Slytherins sind für ihren Stolz, ihren Ehrgeiz und ihre Gerissenheit bekannt. Ihr Wappen zeigt eine gewundene Schlange auf einem Feld in den Hausfarben Grün und Silber.

Wähle eine Blumenampel aus und zeige, welchem Haus du angehörst. Oder du machst gleich alle vier Varianten! Gefertigt werden sie in der Makrameetechnik, bei der Schnüre oder Fäden in dekorativen Mustern geknüpft werden.

Das brauchst du:

- Bandmaß
- 4 kleine Terrakottatöpfe
- 2 Pinsel (12 mm und 15 mm)
- Acrylfarben: Weiß, Hellbraun, Schwarz, Grau und Goldgelb
- 16 Holzperlen (ø je 25 mm)
- Klarlack
- Schere
- je 1 Knäuel Makrameegarn (Stärke 3 mm) in Dunkelrot, Dunkelgrün, Dunkelblau und Gelb
- 1 Stück Treibholz oder Ast, ca. 1,2 m lang (oder 4 Metallringe à 5 cm ø zum Aufhängen)

So geht's:

1. Bemale die Terrakottatöpfe in Weiß. Lasse die Farbe vollständig trocknen.
2. Male die Perlen an: 4 schwarz, 4 hellbraun, 4 grau und 4 goldgelb. Lasse die Farbe ganz trocknen.
3. Male den oberen Rand an jedem der 4 Töpfe passend zu den Perlen an: schwarz, hellbraun, grau und goldgelb. Lasse die Farbe vollständig trocknen.
4. Trage nach dem Trocknen eine Schicht Klarlack auf die Perlen und die oberen Ränder der Töpfe auf.
5. Schneide 4 rote Makrameegarn-schnüre von je 2,7 m Länge ab.
6. Markiere am Ast die vier Stellen, an denen die vier Ampeln hängen sollen, mit einem Bleistift.
7. Falte die 4 Makrameeschnüre in der Mitte, sodass eine Schlinge entsteht.
8. Lege die Schlinge an der ersten Markierung unter den Ast. Führe die Schnüre durch die Schlinge und straffe sie (siehe Bild 8). Das ist ein Ankerknoten.
9. Teile die Schnüre in 4 Paare und mache in das erste Paar 30 cm vom Ast entfernt einen Überhandknoten, indem du eine Schlinge bildest und das Schnurende durch die Schlinge führst. Ziehe den Knoten fest.

8

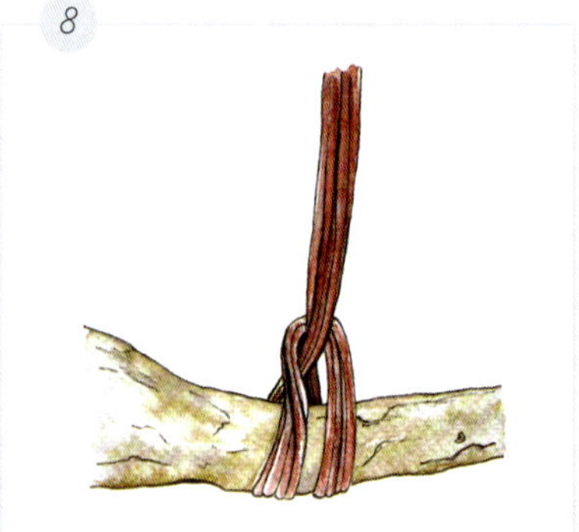

9

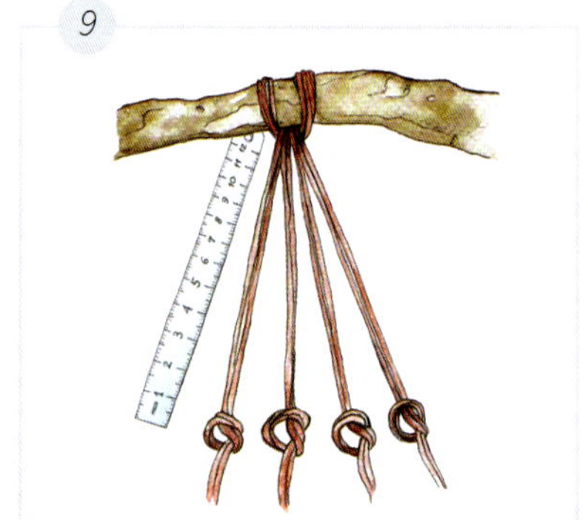

10. Wiederhole diesen Knoten bei allen anderen Schnurpaaren (siehe Bild 9). Schiebe je eine goldgelbe Perle bis zu den Knoten und mache unter jeder Perle einen zweiten Überhandknoten, um sie zu fixieren (siehe Bild 10).

10

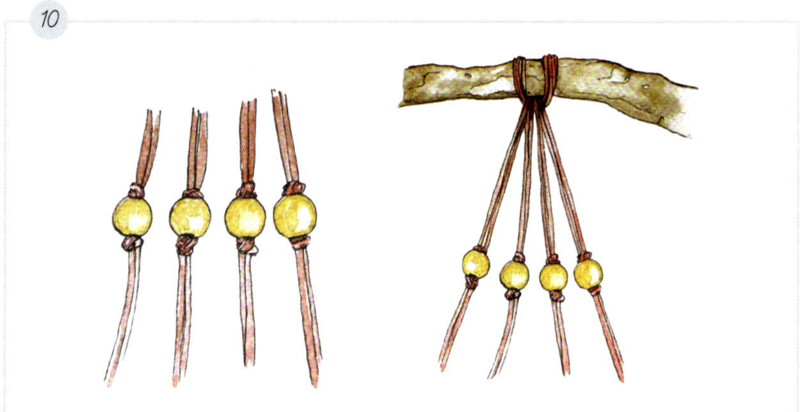

11. Teile die 4 Schnurpaare, indem du je eine Schnur aus jedem vorherigen Paar mit einer Schnur aus einem benachbarten Paar verbindest. Miss 15 cm ab und mache in jedes neue Schnurpaar einen Überhandknoten (siehe Bild 11).

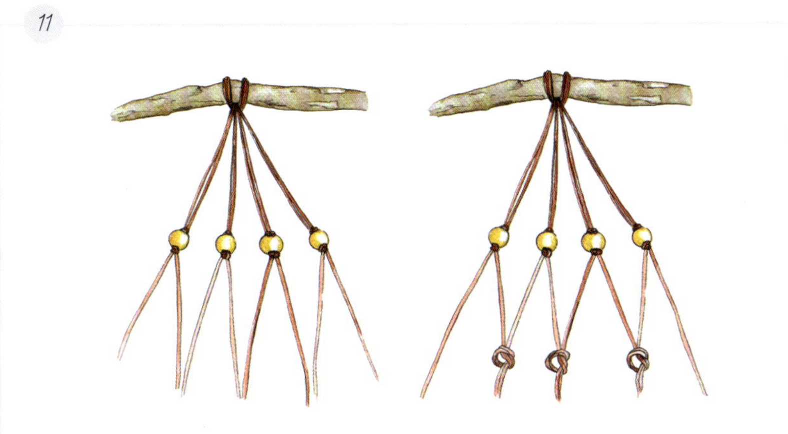

12. 13 cm unter den 4 neuen Überhandknoten fasst du alle 8 Schnüre zusammen und machst einen einzigen großen Überhandknoten. Fest anziehen. Schneide die Schnurenden bei 15 cm oder in der gewünschten Länge ab.

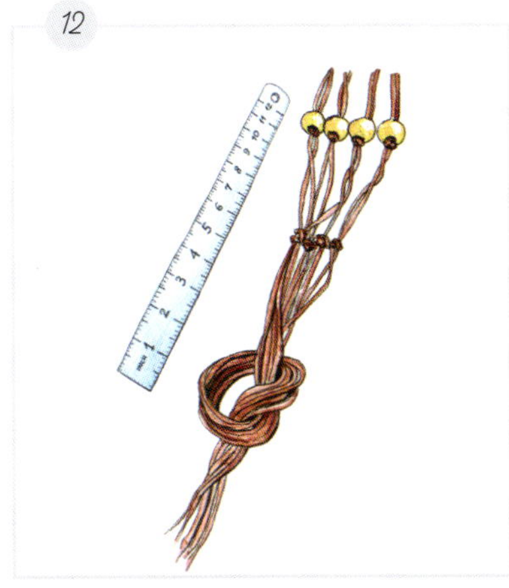

13. Für den zweiten Aufhänger schneidest du 4 grüne Schnüre von je 1,4 m Länge ab. Falte die 4 Schnüre in der Mitte, sodass 8 Schnüre entstehen. 20 cm vom ersten Ankerknoten entfernt legst du die Schnurschlinge unter den Ast und machst einen weiteren Ankerknoten (siehe Bild 8).

14. Teile den Strang in 4 Schnurpaare und mache 15 cm vom Ast entfernt je einen Überhandknoten in alle 4 Schnurpaare (siehe Bild 9). Schiebe je eine graue Perle bis zu den Knoten und mache unter jeder Perle einen zweiten Überhandknoten (siehe Bild 10).

15. Wiederhole die Schritte 11 und 12 für die zweite Blumenampel.

16. Dann wiederholst du die Schritte 5 bis 12 mit blauem Garn und hellbraunen Perlen für eine lange Blumenampel, und ab Schritt 13 mit gelbem Garn und schwarzen Perlen für eine kurze.

17. Bepflanze die Töpfe mit Zimmerpflanzen, wenn du die Ampeln im Innenraum aufhängst. Für draußen nimmst du am besten einjährige Pflanzen.

18. Setze die Blumentöpfe ihrer Randfarbe entsprechend in die farblich passenden Blumenampeln.

HINWEIS: Wenn du die Blumenampeln nicht, wie beschrieben, an denselben Ast hängen willst, kannst du sie auch einzeln aufhängen. In diesem Fall nimmst du für jede Ampel einen Metallring, ziehst die Makrameegarnschleife durch den Ring und beginnst dort mit dem Ankerknoten.

Pflanzen

Geeignete Zimmerpflanzen findest du im Pflanzengeschäft, Gartencenter oder Baumarkt. Lasse dich vom fachkundigen Personal beraten!
Für die hier abgebildeten Blumenampeln wurden folgende Pflanzen verwendet:

Ravenclaw: *Jacobaea maritima* (Weißfilziges Greiskraut)

Hufflepuff: *Petrosedum rupestre* 'Angelina' (Nickende Fetthenne)

Slytherin: *Asplenium nidus* (Nestfarn)

Gryffindor: *Kalanchoe blossfeldiana* (Flammendes Käthchen)

Pflege

Es handelt sich um gewöhnliche Zimmerpflanzen, die regelmäßig gepflegt werden müssen. Die Pflege hängt von der jeweiligen Pflanze ab. Berücksichtige für die oben genannten Pflanzen Folgendes:

- ***Licht:*** Die meisten Zimmerpflanzen sind Unterholzpflanzen, die gedämpftes Licht oder leichten Schatten benötigen. Daher sind indirektes Licht oder nach Norden ausgerichtete Fenster ideal. Bei 8 Stunden Licht pro Tag gedeihen die Pflanzen am besten.
- ***Gießen:*** Ein Mal pro Woche gießen reicht für Zimmerpflanzen wie diese aus. Achte darauf, dass die Erde nicht zu nass (oder trocken!) ist. Hängende Blätter sowie trockene oder braune Ränder zeigen an, dass die Pflanze mehr Feuchtigkeit benötigt.
- ***Nicht vergessen:*** Entferne abgestorbene Blätter, damit die Pflanzen hübsch aussehen.

NEVILLE LONGBOTTOMS VERMEHRUNGSSTATION

„Professor Sprout sagte mir, du hättest wohl eine besondere Begabung für Kräuterkunde."

PROFESSOR ALASTOR MOODY,
HARRY POTTER UND DER FEUERKELCH

SCHWIERIGKEITSGRAD: 3
ZEIT: 1½ STUNDEN

Die Vermehrung von Pflanzen aus Stecklingen ist eine der einfachsten Methoden, um neue Pflanzen für den eigenen Garten oder zum Verschenken zu züchten. Mit dieser wunderbaren Vermehrungsstation kannst du die Nachkommen deiner Pflanzen in praktischen Etagen heranziehen und ihnen dabei zusehen, wie sie Wurzeln bilden. So eine Station hätte es Neville Longbottom in den Filmen bestimmt leichter gemacht, mit seiner *Mimbulus Mimbeltonia* klarzukommen. Anfangs wirkt Neville in Hogwarts, als habe er zwei linke Hände. Doch dafür hat er offensichtlich einen grünen Daumen. In Kräuterkunde fällt er jedenfalls durch sein Wissen und Geschick auf – wenn man mal von seiner Ohnmachtsepisode mit den Alraunen absieht. Im fünften Schuljahr umhegt Neville die schwierige *Mimbulus Mimbeltonia* mit so viel Feingefühl wie kein anderer. Eine gelöschte Szene aus *Harry Potter und der Orden des Phönix* zeigt, wie er die stachelige Pflanze versehentlich an der falschen Stelle erwischt, woraufhin sie ihn mit grünlichem Schleim vollspritzt. Die Szene musste gleich mehrmals gefilmt werden, denn Matthew Lewis, der Neville spielte, hatte Mühe, vor der Schleimattacke nicht zusammenzuzucken. Aber keine Sorge – bei dieser Vermehrungsstation hier kann es schlimmstenfalls passieren, dass du ein paar Tropfen Wasser abbekommst.

Das brauchst du:

- [Schutzbrille-Symbol]
- [Gehörschutz-Symbol]
- Bandmaß
- 3 Bretter, je 4 cm breit, 6 mm hoch und 38 cm lang
- Handsäge oder Kreissäge
- Bohrmaschine
- Bohrer (ø 2 cm und kleiner)
- Klemme
- Schleifpapier
- Schere
- 2 m Juteschnur oder Lederband
- 15 Reagenzgläser mit Bördelrand
- optional: Farbe oder Beize nach Wahl

So geht's:

1. Für dieses Projekt haben wir ein langes Stück Recyclingholz auf die angegebenen Maße zugeschnitten. Du kannst auch fertig zugeschnittene Bretter nehmen.
2. Gehe von den Schmalseiten jedes Bretts 12 mm nach innen und bohre dort mittig ein Loch für die Juteschnur oder das Lederband.
3. Markiere auf jedem Brett je 19 cm von den Schmalseiten und je 2 cm von den Längsseiten das Loch für das mittlere Reagenzglas.
4. Danach markierst du in gleichmäßigen Abständen die Stellen, an die die Löcher für die anderen Reagenzgläser kommen.
5. Staple die drei Bretter übereinander und klemme sie fest.
6. Bohre die Löcher für die Reagenzgläser durch die Bretter.
7. Glätte die Ränder mit Schleifpapier. Falls nötig, kannst du die Löcher mit Schleifpapier auch so weiten, dass die Reagenzgläser gut hineinpassen. Die Bördelränder müssen allerdings so weit überstehen, dass sie die Gläser im Brett halten.
8. Knicke die Juteschnur (oder das Lederband) in der Mitte.

HINWEIS: Unser Recyclingholz war bereits abgewetzt mit weißer Patina. Wenn du deine Bretter streichen oder beizen willst, kannst du das nach Schritt 7 tun. Lasse das Holz anschließend gut trocknen.

9. Lege die Bretter im Abstand von 30 cm auf den Arbeitstisch.
10. Führe die Schnur durch die kleinen Löcher an den Schmalseiten des oberen Bretts. Darüber lässt du der Schnur etwa 80 cm Spielraum, damit du das fertige Projekt aufhängen kannst.
11. Unter dem Brett machst du in jede Schnur einen Knoten und ziehst ihn stramm. Die Knoten müssen so groß sein, dass das Brett fest auf ihnen liegt.
12. Nun führst du die Schnur durch die kleinen Löcher des mittleren Bretts. Lasse 28 cm Abstand zwischen den Brettern, damit sowohl die Reagenzgläser als auch die Pflanzen genügend Platz haben.
13. Unter dem mittleren Brett machst du in jede Schnur den nächsten Knoten.
14. Dann führst du die Schnur durch die kleinen Löcher des unteren Bretts und lässt wieder 28 cm Abstand zum mittleren Brett.
15. Unter dem unteren Brett machst du in jede Schnur den letzten Knoten und schneidest die überschüssigen Schnurenden ab.
16. Setze die Reagenzgläser in die großen Löcher und hänge die Vermehrungsstation auf. Nun kannst du Wasser in die Gläser füllen und Stecklinge hinzufügen!

Pflanzen

Eigentlich kannst du von den meisten Zimmerpflanzen mit Blättern Stecklinge machen. Dafür schneidest du ein Stück in der Länge des Reagenzglases ab. Zupfe die unteren Blätter ab, damit der Stiel ins Reagenzglas passt; die oberen Blätter lässt du aus dem Gefäß ragen. Bei den meisten Pflanzen dauert es 1 bis 2 Wochen, bis sie anfangen, Wurzeln zu schlagen. Sobald das Glas voller Wurzeln ist, ist es an der Zeit, den Steckling in Erde zu pflanzen.

Pflege

Auch Stecklinge benötigen regelmäßige Pflege.

- ***Licht:*** Die Stecklinge mögen helles, aber indirektes Licht. Nach Norden ausgerichtete Fenster sind optimal.
- ***Gießen:*** Der Wasserstand sollte stets bis knapp unter den oberen Rand des Reagenzglases reichen. Da es unterschiedlich lange dauert, bis die Stecklinge Wurzeln treiben, solltest du das Wasser immer dann wechseln, wenn es trüb wird.
- ***Nicht vergessen:*** Entferne regelmäßig die abgestorbenen Blätter.

Vermehrungsmethoden

Es gibt viele Möglichkeiten, Pflanzen zu vermehren, zum Beispiel über Wurzelstecklinge, Schichtung oder Pfropfung. Die gängigsten Methoden für Zimmerpflanzen findest du hier:

Mit Wasser

(WIE BEI NEVILLE LONGBOTTOMS VERMEHRUNGSSTATION)

Glatte Schnitte sind das A und O dieser Methode. Am besten schneidest du mit einem Präzisionsbastelmesser Triebe von der Pflanze, die du vermehren willst. Scheren neigen dazu, das Schnittende zu quetschen. Entferne die unteren Blätter von den Trieben, damit die Stiele ins Gefäß passen. Achte darauf, dass die Stellen, an denen sich die Blätter befanden, unter Wasser sind. Sobald die Wurzeln 4 bis 5 cm lang sind, kannst du die Triebe in kleine Pflanzgefäße mit Drainage pflanzen. In den ersten Wochen solltest du die Pflanzen feucht, aber nicht nass halten.

Durch Teilung

Die Vermehrung durch Teilung funktioniert gut bei Pflanzen, die Ableger bilden. Entferne einfach die Ableger mit so viel Wurzelwerk wie möglich. Du solltest nichts abschneiden müssen. Setze die Ableger in kleine Töpfe mit Drainage und halte sie ein paar Wochen lang feucht, bis sich Anzeichen von Wachstum zeigen. Gieße sie dann wie jede normale Zimmerpflanze.

Vom Blatt

Pflanzen wie *Peperomia* und *Sansevieria* können durch Blattstecklinge vermehrt werden. Nimm einen Steckling, bei dem noch ein Teil des Stiels am Blatt haftet, und stecke ihn in ein kleines Pflanzgefäß mit Drainage, das du einige Wochen lang feucht hältst, bis sich Anzeichen von Wachstum zeigen. Habe Geduld dabei!

Bei Sukkulenten

Je nach Art gibt es verschiedene Möglichkeiten, Sukkulenten zu vermehren. Unter den richtigen Bedingungen sind sie die am einfachsten zu züchtenden Pflanzen. Sie brauchen wenig Wasser, aber viel Licht. Wichtig ist auch die richtige Erde. Spezielle Sukkulenten- und Kakteenerde ist in den meisten Pflanzenläden, Gartencentern und großen Baumärkten erhältlich.

- Gesunde Sukkulenten bilden oft Nebensprossen oder Ableger, die sich leicht abtrennen und in Erde setzen lassen.
- Einige Arten bilden sogenannte „Kindel" an ihren Blättern oder Stängeln aus. Auch sie können leicht abgetrennt und in Erde gepflanzt werden.
- Andere bilden Ableger aus ihrer Wurzelbasis. Du kannst die Wurzeln vorsichtig von der Mutterpflanze und den Kindeln abtrennen und separat in Erde einpflanzen.
- Die Schnittstellen der abgeschnittenen Blätter müssen einige Zeit trocknen, um zu verheilen. Sobald sie verheilt sind, beginnen sie, Wurzeln zu bilden. Habe Geduld dabei!
- Wird eine Sukkulente nur lang und dünn, schneidest du sie auf 2 cm Stiellänge ab und pflanzt sie um.

GRYFFINDOR

PEITSCHENDE-WEIDE-BONSAI

„Die Beschädigung der Peitschenden Weide kommt erschwerend hinzu. Dieser wertvolle Baum stand dort bereits vor eurer Geburt."

SEVERUS SNAPE,
HARRY POTTER UND DIE KAMMER DES SCHRECKENS

Als Harry Potter am Ende der Sommerferien von Onkel Vernon im Haus der Dursleys eingesperrt wird, kommen ihm Ron und dessen Zwillingsbrüder Fred und George mit einem fliegenden Auto zu Hilfe. Das hellblaue Gefährt gehört ihrem Vater, der es mit einem Zauberspruch belegt hat, damit es fliegen kann. Arthur Weasley hat sogar einen Unsichtbarkeits-Servoantrieb eingebaut, damit sein Auto für Muggel unsichtbar ist. Als Ron und Harry den Hogwarts-Express verpassen, benutzen sie das Auto erneut. Es fliegt sie nach Hogwarts, gibt aber kurz vor dem Ziel den Geist auf und kracht in die Peitschende Weide, die das Auto ordentlich in die Mangel nimmt und schließlich wegschleudert. Die Peitschende Weide in den Filmen entstand in Kooperation der Abteilungen für Szenenbild, visuelle Effekte und Spezialeffekte. Das Ergebnis war ein hydraulisch gesteuerter, 26 Meter hoher Baum mit beweglichen Ästen, die das Auto packen und umschließen konnten. Im Gegensatz zum Filmauto besteht bei unserem Spielzeugauto keine Gefahr. Aber ein Hingucker ist es auf jeden Fall.

Hinweis: Dieses Projekt besteht aus zwei Teilen. Zunächst wird ein Pflanzgefäß aus Torfbeton hergestellt. Die Mischung aus Zement, Perlit und Torf kann in jede beliebige Form gegossen werden. Nach dem Trocknen sieht Torfbeton aus wie Stein, ist aber leicht, porös und haltbar. Anschließend wird das Gefäß mit einem Bonsai bepflanzt und mit einem Spielzeugauto dekoriert.

Pflanzgefäß aus Torfbeton

SCHWIERIGKEITSGRAD: 3
ZEIT: 24+ STUNDEN

Das brauchst du:

-
-
- Bandmaß
- 2 Gießformen: Papp- oder Plastikbehälter, von denen einer in den anderen passt, mit etwa 2 cm Abstand dazwischen. Bei diesem Projekt misst die äußere Form 30 x 18 x 13 cm. Die innere, kleinere Form ist 25 x 11,5 x 11,5 cm groß.
- Backspray
- 2 Liter Zement (kein Schnellzement)
- 2 Liter Perlit
- 2 Liter Torf
- große Kunststoffwanne zum Anmischen des Zements, mindestens 30 x 45 x 13 cm groß
- Maurerkelle
- Betonfarbstoff (optional)
- Gewichte wie Sand oder Steine (optional)
- Plastik, z. B. ein Müllbeutel
- Bohrmaschine mit Steinbohrer

So geht's:

1. Ziehe die Handschuhe an!
2. Bereite die Gießformen vor: Besprühe die Innenseite der größeren Form und die Außenseite der kleineren Form mit dem Backspray.
3. Mische den Zement, das Perlit und den Torf in der großen Kunststoffwanne. Gib so viel Wasser hinzu, bis die Mischung die Konsistenz von Hüttenkäse hat.
4. Rühre jetzt nach Wunsch Betonfarbe in die Mischung.
5. Fülle die Torfbetonmischung in die größere Form, bis sie den Boden etwa zu 2,5 cm bedeckt. Dann setzt du die kleinere Form in die Mitte der größeren und füllst den Abstand zwischen den beiden Formen mit der Torfbetonmischung auf. Unter Umständen musst du die kleinere Form mit Gewichten beschweren, damit sie an Ort und Stelle bleibt.
6. Decke die Formen lose mit Plastik ab. So trocknet der Torfbeton langsam und wird dadurch stabiler.
7. Nach 24 Stunden kannst du die Folie und die Gießformen entfernen.
8. Wenn dein Torfbetongefäß vollständig trocken ist, bohrst du ein Abflussloch in den Boden. Das ist sehr wichtig, damit das Wasser später ablaufen kann. Pflanzen brauchen eine gute Drainage!
9. Jetzt ist dein Torfbetongefäß fertig für den Peitschende-Weide-Bonsai (siehe Seite 95/96).

Peitschende Weide mit Auto

SCHWIERIGKEITSGRAD: 1
ZEIT: 1 STUNDE

Das brauchst du:

- das Torfbetongefäß von Seite 94
- ein Stück Gartenvlies, Nylon- oder Metallgitter, das groß genug ist, um das Abflussloch zu bedecken
- Blumenerde
- Elefantenfuß (siehe Seite 96) oder ein anderer Miniaturbaum
- konserviertes Moos (optional)
- hellblaues Spielzeugauto
- Untersetzer

So geht's:

1. Lege das Vlies oder Gitter über das Abflussloch im Torfbetongefäß. So verhinderst du, dass Erde durch das Abflussloch rieselt.
2. Gib ein paar Zentimeter Blumenerde auf den Boden des Pflanzgefäßes.
3. Setze den Miniaturbaum darauf und fülle das Pflanzgefäß bis etwa 3 cm unter den oberen Rand mit Erde. Die Wurzeln sollen vollständig bedeckt sein.
4. Optional: Bedecke den Boden als Hingucker mit konserviertem Moos.
5. Füge dein hellblaues Auto hinzu (in *Harry Potter und die Kammer des Schreckens* kam ein Ford Anglia 105E zum Einsatz). Das abgebildete Auto stammt aus einem Bastelladen.
6. Stelle dein bepflanztes Torfbetongefäß auf einen Untersetzer, der das ablaufende Gießwasser auffängt.

Pflanzen

In diesem Projekt wurde ein Elefantenfuß verwendet. Du kannst auch schnell wachsende Trauer- oder Korkenzieherweiden in Miniaturform verwenden.

- Der Elefantenfuß, auch Flaschenbaum oder *Beaucarnea recurvata* genannt, wächst sehr langsam und mag es eng. Wenn überhaupt, muss er erst nach vielen Jahren in ein größeres Gefäß umgetopft werden. Streng genommen handelt es sich gar nicht um einen Baum, sondern um eine Sukkulente aus der Familie der Agaven! In Pflanzengeschäften, Gartencentern und großen Baumärkten ist er leicht erhältlich.

Pflege

- **Licht:** In indirektem, hellem Licht aufstellen. Am besten gedeiht der Elefantenfuß bei 8 bis 10 Stunden Licht pro Tag.
- **Gießen:** Halte die Erde ziemlich trocken. Durchtränke das Substrat beim Gießen ordentlich und lasse das Wasser durch das Loch im Boden des Pflanzgefäßes ablaufen. Leere den Untersetzer des Pflanzgefäßes aus. Das Pflanzgefäß sollte nicht im Wasser stehen. In den Wintermonaten weniger gießen.
- **Nicht vergessen:** Im Sommer fühlt der Elefantenfuß sich im Freien wohl, aber nicht direkt in der Sonne. Im Winter muss er zurück ins Haus.

Echte Bonsaibäume

Bonsai ist die japanische Kunst, Zwergbäume in flachen Töpfen zu ziehen. Sie entstand aus der traditionellen chinesischen Gartenkunst des *Penjing*. Bonsai können aus fast allen verholzenden Bäumen und Sträuchern gezogen werden. Durch das Zurückschneiden der Kronen und Wurzeln werden sie klein gehalten. Bäume mit kleinen Blättern oder Nadeln eignen sich besonders gut, z. B. Ahorn, Kiefer und Buchs. Einen Bonsai heranzuziehen erfordert viel Sorgfalt, Geschick, spezielle Werkzeuge und Pflanzgefäße, Fachwissen und Geduld. Daher haben wir ein wenig geschummelt und für die Peitschende Weide einen Miniaturbaum als Bonsai-Ersatz gewählt.

Kapitel 3

DEKO-IDEEN FÜR DRAUSSEN

„Jetzt krieg dich gefälligst wieder ein. Immerhin gehst du gleich in den Wald hinein. Da musst du wissen, was du tust."

ARGUS FILCH,
HARRY POTTER UND DER STEIN DER WEISEN

PROFESSOR FLITWICKS MAGISCHE KETTE FÜR DAUERREGEN

„Wutschen und wedeln!"

FILIUS FLITWICK,
HARRY POTTER UND DER STEIN DER WEISEN

SCHWIERIGKEITSGRAD: 4
ZEIT: 6 BIS 8 STUNDEN

Professor Filius Flitwick unterrichtet in Hogwarts Zauberkunst. In seiner ersten Stunde führt er den Zauber *Wingardium Leviosa* vor, mit dem er eine Feder schweben lässt. Zu den weiteren Zaubersprüchen, die die Schüler in Hogwarts lernen, gehören *Accio*, um etwas herbeizurufen, *Expelliarmus*, um einen Gegner zu entwaffnen, und *Oculus Reparo*, mit dem Hermine immer wieder Harrys Brille repariert.

Zusätzlich zu den Zaubersprüchen aus den Harry-Potter-Büchern wurden einige speziell für *Harry Potter und die Heiligtümer des Todes – Teil 2* kreiert, als die Lehrer von Hogwarts einen Schild zum Schutz der Schule errichten. Die in Kombination verwendeten Sprüche sind: *Protego Maxima* zur Verstärkung des Schildes, *Repello Inimicum* zur Abwehr sämtlicher Feinde und *Fianto Duri*, der die beiden anderen Zauber verstärkt.

Welcher Zauberspruch wäre wohl geeignet, der Regenkette aus kleinen Terrakottatöpfen Leben einzuhauchen? Vielleicht versuchst du es mal mit *Meteolohex recanto*, wenn das Wasser fließen soll.

Das brauchst du:

-
-
- Bandmaß
- Drahtschneider
- Kupferdraht (ø 2,5 mm, 10,5 m lang)
- Spitzzange
- Schraubstock
- Rundrohr (ø 2 cm, 30 cm lang)
- 30 Terrakottatöpfe (ø 5 cm, ergibt eine Kette von etwa 2,3 m Länge)
- Metallstange (13 bis 15 cm lang)
- Schaufel
- Eimer (40 l Fassungsvermögen)
- Wasserspielpumpe (3 m Förderhöhe, 3500 l Fördermenge pro Stunde)
- Schlauch (3 m lang)
- hochbelastbares Absperrventil für einen Gartenschlauch
- rundes Drahtgeflecht (ø 1 m)
- dekorative Flusssteine

So geht's:

1. Lege fest, wo die Regenkette hängen soll, am besten bei einem Schuppen oder Gartenhäuschen. Ideal ist eine Stelle unter einer Dachrinne mit einem Speirohr, wo ein großer Eimer direkt unter dem Rohr eingegraben werden kann. Außerdem muss für die Pumpe in der Nähe ein Stromanschluss vorhanden sein.
2. Miss die Höhe von der Dachrinne bis zum Boden. Die Anleitung ist für eine Höhe von 2,3 m gedacht, was etwa 30 Terrakottatöpfen entspricht. Eventuell benötigst du mehr oder weniger Töpfe.
3. Richte dir einen Arbeitsbereich ein, an dem du die Regenkette aufhängen kannst, während du daran arbeitest. Deine Regenkette sollte die Länge haben, die du von der Dachrinne bis zum Boden gemessen hast.
4. Schneide den Kupferdraht mit dem Drahtschneider in 30 Stücke zu je 35 cm Länge.
5. Biege je ein Ende jedes Kupferdrahtstücks zu einem Haken.
6. Nimm das Rundrohr und spanne ein Ende fest in den Schraubstock.
7. Wickle ein Kupferdrahtstück nach dem anderen um das Rohr und lasse das andere Ende gerade.
8. Stecke das erste Kupferdrahtstück so in den Terrakottatopf, dass das gerade Ende durch das Loch im Boden des Topfes ragt.
9. Drücke das Kupferdrahtstück so zusammen, dass es in den Topf passt.

5-11

10. Biege mit der Spitzzange das gerade Ende, das aus dem Boden des Topfes herausragt, zu einem Haken.
11. Biege das andere Ende mit einer Spitzzange so, dass es sich mittig über dem Topf befindet.
12. Wiederhole Schritt 8 bis 11 bei allen anderen Kupferdrahtstücken.

13. Hake nach und nach jeden Topf in den anderen.

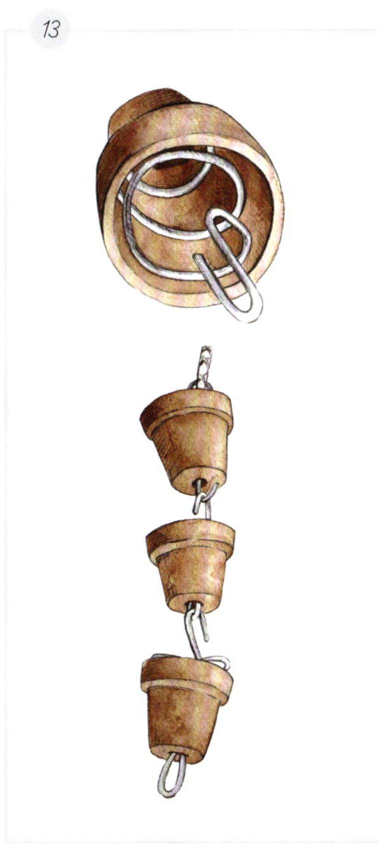

14. Entferne das Speirohr und lege die Metallstange in die Dachrinne, direkt über dem Trichter. Führe den obersten Haken der Regenkette von unten durch den Trichter und befestige ihn an der Stange.
15. Den Eimer solltest du möglichst mittig unter der Regenkette eingraben. Dort hebst du ein Loch in der passenden Größe aus, wobei die Oberseite des Eimers mit dem Boden abschließen soll.
16. Platziere die Pumpe im Eimer.
17. Schließe ein Ende des Schlauchs gemäß den Anweisungen, die der Pumpe beiliegen, an die Pumpe an.
18. Führe den Schlauch bis zur Regenrinne. Um die Illusion perfekt zu machen, versteckst oder verkleidest du den Schlauch, damit er für Muggel nicht sichtbar ist.
19. An der Stelle, an der der Schlauch in die Regenrinne mündet, bringst du das Absperrventil für den Gartenschlauch an. So kannst du den Wasserfluss regulieren.
20. Teste das System, indem du den Eimer mit Wasser füllst und die Pumpe einschaltest. Wenn der Druck passt, wird das Wasser fließen. Regle die Durchflussmenge durch Einstellen des Absperrventils.
21. Wenn du mit dem Ergebnis zufrieden bist, gib das Drahtgeflecht über den Eimer.
22. Lege dekorative Flusssteine darauf. Verstecke oder verdecke den Schlauch und das Stromkabel.

Pflege

Befindet sich die magische Kette für Dauerregen in der Nähe eines Baums, können sich in den Töpfen gelegentlich Ablagerungen ansammeln. Entferne diese regelmäßig, damit nichts verstopft. Im Winter sollte die Pumpe eingelagert werden. Schöpfe den Eimer leer und decke ihn ab, damit weder Schnee noch Wasser hineingelangen. Denn wenn eingedrungenes Wasser gefriert, kann es zu Rissen im Eimer führen.

Hogwarts
9.75 MILES
KNOCKTURN ALLEY
5972 KM
HOGSMEADE
Diagon Alley
Ministry of Magic
AZKABAN
King's Cross Station
9¾
Grimauld Place
The Burrow
Godric's Hollow
St. Mungo's Hospital for
SHELL COTTAGE
Little Whinging

WEGWEISER DURCH DIE ZAUBERWELT

„Willkommen im charmanten Örtchen Budleigh Babberton, Harry."

ALBUS DUMBLEDORE,
HARRY POTTER UND DER HALBBLUTPRINZ

SCHWIERIGKEITSGRAD: 4
ZEIT: 8 BIS 10 STUNDEN

Bei seinen Abenteuern verschlägt es Harry Potter immer wieder an magische Orte. Manche befinden sich gut versteckt inmitten der Muggelwelt – in London zum Beispiel die lange, gewundene Winkelgasse, wo Hexen und Zauberer einkaufen, Bankgeschäfte erledigen und im Tropfenden Kessel einkehren, um ein Butterbier zu trinken; oder das Haus von Sirius Black am Grimmauldplatz Nr. 12; auch Gleis neundreiviertel, von wo der Hogwarts-Express abfährt, befindet sich im Londoner Bahnhof King's Cross (auch wenn die Szenen für den Film dort zwischen Gleis 4 und 5 gedreht wurden). Andere magische Orte liegen dagegen abseits der Muggelwelt, allen voran Hogsmeade, der einzige Ort in Großbritannien, in dem ausschließlich Hexen und Zauberer leben.

Unser Wegweiser wurde von magischen Schauplätzen aus den Harry-Potter-Filmen inspiriert. Er verweist auf Orte, die nur eine Zauberstabbewegung entfernt liegen – und doch für so manche Muggel unerreichbar bleiben, darunter Hogwarts, die Nokturngasse, Hogsmeade, die Winkelgasse, das Zaubereiministerium, Askaban, Gleis neundreiviertel im Bahnhof King's Cross, der Fuchsbau und Little Whinging.

Das brauchst du:

-
-
-
-
- druckimprägnierter Holzpfosten, 10 x 10 cm dick, 1,5 bis 2 m lang
- Pfostenkappe aus druckimprägniertem Holz
- Kreissäge oder Handsäge
- Flachpinsel (25 mm), Schräg- und Rundpinsel
- weiße Grundierfarbe
- wetterfeste Latexfarben
- Stichsäge
- 12 bis 15 Bretter als Schilder für den Wegweiser, am besten Recyclingholz, je etwa 2,5 bis 7,5 cm breit und 30 bis 60 cm lang
- Computer und Drucker
- Klebeband
- Stofflumpen
- Bohrmaschine und Bohrer in verschiedenen Größen
- Schraubenzieher
- Holzschrauben (40 mm lang) für den Außenbereich
- Bleistift
- Bandmaß
- Blumendraht
- Terrakottatopf (ø 15 cm)
- Bolzenschraube (50 mm lang)
- 2 große Unterlegscheiben, 1 Mutter
- Muscheln, Murmeln, winzige Terrakottatöpfe und anderes zum Dekorieren der Schilder
- Einschlagbodenhülse (10 x 10 cm)
- Hammer

So geht's:

1. Schneide mit der Kreis- oder Handsäge den Holzpfosten auf die gewünschte Länge zu (unser Projekt ist 1,5 m hoch). Vom Abfallholz behältst du ein Reststück als Einschlaghilfe zurück.
2. Grundiere mit dem Rundpinsel den Pfosten weiß.
3. Streiche ihn nach dem Trocknen mit der Latexfarbe. Es sind wahrscheinlich zwei Anstriche notwendig. Die erste Schicht sollte über Nacht trocknen. Für dieses Projekt wurde Waldgrün verwendet.
4. Streiche die Pfostenkappe bunt an, wenn du mehrere Farben zur Verfügung hast.
5. Schneide die 12 bis 15 Bretter auf die gewünschte Länge zu.
6. Male die Bretter bunt an. Lasse deiner Kreativität freien Lauf! Füge dunklere Farben an den Rändern hinzu oder benutze kontrastierende Farben an den Kanten und Rückseiten. Reibe Holzflecken auf, wende die Trockenbürstentechnik an, verreibe die Farbe mit Lappen oder trage Farbkleckse auf. Erfinde deine eigenen Techniken. Alles ist erlaubt.

HINWEIS: Bei diesem Projekt kann man Farbreste von früheren Projekten aufbrauchen. Ideal ist Latexfarbe für den Außenbereich, aber auch jede andere Acryl- oder Fassadenfarbe ist geeignet und verleiht den Schildern im Laufe der Zeit eine Patina.

7. Schablonen für die Ortsnamen findest du unter www.InsightEditions.com/HarryPotterHerbologyMagic
8. Drucke die Namen so groß wie möglich auf A4-Papier und schneide die Buchstaben aus.
9. Markiere die Mitte jedes Schriftzugs auf dem Ausdruck und auf den Brettern. Platziere die Schablonen auf den Brettern und fixiere sie.
10. Male die Ortsnamen mit einem weichen Borstenpinsel auf. Wähle für jedes Schild eine zum Hintergrund kontrastierende Farbe. Der Schriftzug soll gut lesbar sein.
11. Überlege dir währenddessen, welche Gegenstände du hast, um die Schilder zu dekorieren – etwa Muscheln für Shell Cottage oder ein kleiner Besen für Hogwarts. Lasse deiner Fantasie freien Lauf!
12. Nimm die Pfostenkappe und markiere oben die Mitte, indem du mit dem Bleistift jeweils diagonal von Ecke zu Ecke eine Linie ziehst. Bohre ein Loch in die Mitte, das groß genug für die Bolzenschraube ist. Gib eine Unterlegscheibe auf die Schraube und schiebe sie von unten durch die Pfostenkappe.
13. Bohre mit einem kleinen Bohrer 2 Löcher oben in der Pfostenkappe vor. Schraube die Pfostenkappe mit den Holzschrauben von oben im Pfosten fest. (HINWEIS: Ganz zum Schluss, nachdem die Schilder an der Stange befestigt sind, bringst du den Terrakottatopf an der Schraube an, die oben heraussteht.)

14. Lege den Pfosten auf einen Tisch und ordne die Schilder in der gewünschten Reihenfolge an. Achte darauf, dass nicht zu viele ähnliche Farben oder zu viele Schilder mit ähnlicher Länge (und Breite) beieinander platziert sind. Du kannst einige Schilder leicht schief positionieren, damit der Wegweiser räumlicher wirkt.

15. Bohre mit einem kleinen Bohrer jedes Brett an der Stelle vor, wo du es an den Pfosten schrauben willst. Das Vorbohren verhindert, dass die Schrauben brechen und die Bretter splittern.

16. Schraube die Bretter von oben nach unten am Pfosten fest.

17. Nun kannst du die Bretter mit dekorativen Elementen versehen. Wir haben einen winzigen Terrakottatopf mit einem Draht am Schild für den „Fuchsbau" befestigt; in die gebohrten Löcher des Schildes für das „Zaubereiministerium" durchsichtige Glasmurmeln eingesetzt, die auf der Rückseite mit Heißkleber befestigt wurden; das Schild für „Shell Cottage" mit einer Muschel, das für „Hogwarts" mit einem kleinen Puppenhausbesen und das für den „Bahnhof King's Cross" mit einem bemalten ausgeschnittenen Kreis mit Aufschrift „9¾" verziert. Dekoriere dein Werk mit eigenen Gegenständen. Lasse deiner Kreativität freien Lauf!

18. Stelle den Topf über die Schraube, die oben aus der Pfostenkappe herausragt. Befestige ihn mit einer Unterlegscheibe und der Mutter.

19. Finde einen schönen Platz für den Wegweiser. Stecke das Reststück des Pfostens (siehe Schritt 1) in die Einschlagbodenhülse und überlege, in welche Richtung die Schilder zeigen sollen. Dann schlägst du mit dem Hammer die Einschlagbodenhülse in den Boden, so weit es geht. Achte darauf, dass sie gerade ist und nicht wackelt.

20. Entferne das Reststück und platziere den Pfosten in der Einschlagbodenhülse.

21. Bepflanze den Terrakottatopf und die an den Schildern befestigten Töpfe. Kombiniere stachelige (z. B. Gräser) und hängende Pflanzen (z. B. Grünlilie, Silberregen, Süßkartoffel oder Fuchsie) miteinander.

Pflege

Schilder und Farben halten länger, wenn der Wegweiser im Schatten oder Halbschatten steht. In strengen Wintern solltest du den Wegweiser an einem überdachten, trockenen Ort lagern. Dann hast du lange Freude an ihm.

- ***Übrigens:*** Mit der Zeit wird das Schild auf natürliche Weise eine schöne Patina bekommen. Wenn die Farben nach ein paar Jahren verblassen, kannst du sie mit einer Schicht aus transparentem Polyurethan auffrischen.

HOGSMEADE
Diagon Alley
Ministry of Magic
AZKABAN
King's Cross Station

RANKGITTER DER HEILIGTÜMER DES TODES

„Der Elderstab – der mächtigste Zauberstab aller Zeiten. Der Stein der Auferstehung. Der Umhang, der unsichtbar macht. Diese drei bilden die Heiligtümer des Todes. Diese drei machen ihren Besitzer zum Bezwinger des Todes."

XENOPHILIUS LOVEGOOD.
HARRY POTTER UND DIE HEILIGTÜMER DES TODES – TEIL 1

SCHWIERIGKEITSGRAD: 4
ZEIT: 3 BIS 4 STUNDEN

Die Heiligtümer des Todes sind drei legendäre magische Gegenstände, die ihren Besitzer zum „Meister des Todes" machen. In seinem Streben nach Macht und Unsterblichkeit will Voldemort diese Heiligtümer um jeden Preis haben, und er gelangt sogar in den Besitz des Elderstabs. Er weiß jedoch nicht, dass Harry Potter den Tarnumhang hat und später von Albus Dumbledore den Stein der Auferstehung vermacht bekommt. Als Harry Voldemort in einem Zauberstabkampf besiegt, gelangt er an den Elderstab – und vernichtet ihn sogleich. Den Stein der Auferstehung lässt er im Verbotenen Wald. Nur den Tarnumhang behält er. Den kann man schließlich immer gut gebrauchen! Der Stein der Auferstehung befand sich ursprünglich in einem von Voldemorts Horkruxen, dem Ring seines Großvaters Marvolo Gaunt, den Dumbledore zu vernichten versuchte. Bei der Gestaltung des Steins für *Harry Potter und der Halbblutprinz* wusste Designerin Miraphora Mina allerdings noch nicht, dass das Symbol der Heiligtümer des Todes in den Stein graviert war – das wurde erst im Roman *Harry Potter und die Heiligtümer des Todes* offenbart. Zum Glück kam das siebte Buch rechtzeitig heraus, und Miraphora Mina konnte das Symbol noch hinzufügen.

Auf unserem Rankgitter ist das Symbol der Heiligtümer des Todes gleich dreimal zu sehen. Das Projekt ist wie gemacht für Kletterpflanzen – und dich macht es womöglich zum Meister der Flora!

Das brauchst du:

-
-
-
- Bandmaß
- Kreissäge oder Handsäge
- 3 druckimprägnierte Pfosten, 5 x 5 cm dick, mindestens 1,8 m lang
- 4 Rundstangen aus Stahl, ø 8 mm, 1,2 m lang
- 3 Metallblumenreifen (ø 35 cm)
- Bohrmaschine und Bohrer (ø 5 mm und 2 mm)
- 4 Holzschrauben (75 mm lang) für den Außenbereich
- Schraubstock
- Metallsäge
- 1 Rundstange aus Stahl, ø 5 mm x 180 cm lang
- Drahtschneider
- Zange
- Blumendraht
- Epoxidkleber
- Latexfarbe für den Außenbereich in einem Farbton deiner Wahl
- 2 Stangen Bewehrungsstahl, ø 12 mm, 60 cm lang
- Hammer

So geht's:

1. Für die Seitenteile des Rahmens sägst du, falls nötig, zwei Pfosten auf eine Länge von 1,8 m.
2. Für die Oberseite sägst du vom dritten Pfosten ein 68 cm langes Stück ab.
3. Für die Unterseite sägst du noch ein 63 cm langes Stück ab.
4. Setze die Seiten und die Oberseite des Rahmens zusammen, indem du das 68-cm-Stück auf die beiden 1,8 m langen Seiten montierst. Bohre mit einem kleinen Bohrer dort Löcher vor, wo die Stücke aufeinandertreffen, und schraube dann eine Holzschraube hinein. Die Oberseite deckt die Seiten ab. Die Unterseite wird erst zum Schluss montiert.

5. Bohre in der Mitte der Oberseite mit einem 5-mm-Bohrer ein Loch.
6. An der Unterseite bohrst du ebenfalls ein 5-mm-Loch in die Mitte – aber nur bis zur Hälfte, nicht ganz durch!
7. Nimm die 5 mm dicke Rundstange aus Stahl und führe sie erst durch das Loch in der Oberseite, dann in das Loch in der Unterseite (die erst in Schritt 18 mit dem Rahmen verbunden wird).
8. Bohre auf dem einen Seitenteil 60 cm von der inneren Oberseite aus ein 8-mm-Loch.

9. Auf der gegenüberliegenden Seite des Rahmens bohrst du ein entsprechendes Loch, aber wieder nur bis zur Hälfte (nicht durchbohren!).
10. Spanne eine der 8-mm-Stahlstangen in den Schraubstock und halbiere sie mit einer Metallsäge auf je 60 cm. Schneide dabei vorsichtig so nah wie möglich am Schraubstock, um die Stange nicht zu verbiegen. Wiederhole den Vorgang mit den anderen drei 8-mm-Stangen.
11. Lege auf einer ebenen Arbeitsfläche die Stangen und die Blumenreifen entsprechend dem Symbol für die Heiligtümer des Todes aus.
12. Führe eine Stange waagrecht in das Loch im Rahmen auf der einen Seite und stecke sie in das nicht durchbohrte Loch auf der anderen Seite.
13. Bohre 68 cm unter dem ersten Loch (also 1,2 m unter der inneren Oberseite des Rahmens) ein zweites Loch. Auf der gegenüberliegenden Seite bohrst du das Loch wieder nur zur Hälfte (nicht durchbohren!). Dann schiebst du die zweite 60-cm-Stange waagrecht in den Rahmen.

14. Knapp über den Stellen, an denen die Querstangen in den Seitenteilen stecken, bohrst du für das obere Symbol auf beiden Seiten schräge Löcher für die 60-cm-Stangen (nicht durchbohren!). Der Winkel sollte so sein, dass die Quer- und Schrägstangen sich berühren. Wenn du die Stangen vor dem Bohren anlegst, kannst du den richtigen Winkel leicht ermitteln.

15. Wiederhole den Vorgang für die beiden unteren Symbole.

16. Verbinde nun alle Metallstäbe und Blumenreifen mit Blumendraht. Arbeite am besten mit Handschuhen. Umwickle jede Verbindungsstelle mehrfach mit Draht, überkreuze und verdrehe ihn mit einer Zange, um alles gut zu fixieren, und schneide überschüssigen Draht ab.

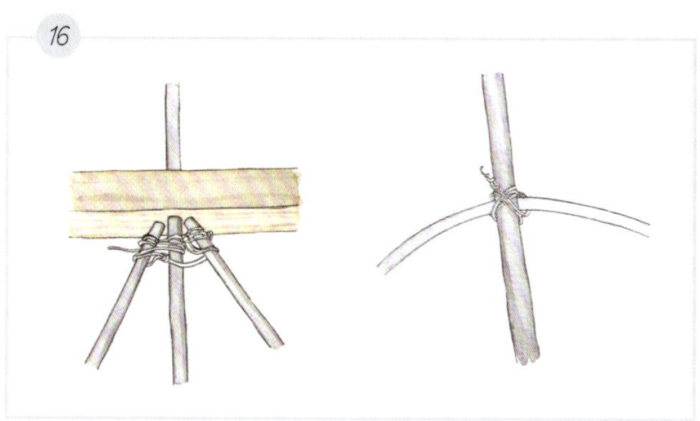

17. Die Stellen, an denen die Stangen und Kreise zusammentreffen, musst du mehrfach mit Draht umwickeln, bis die einzelnen Teile fest verbunden sind und kein Teil mehr herausrutschen kann.

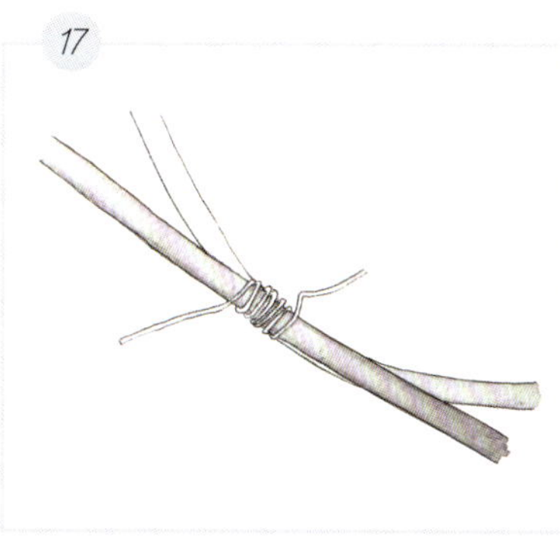

18. Nun legst du die 63 cm lange Unterseite des Rahmens an den unteren Kreis, dabei bleiben an den Seitenteilen etwa 10 cm lange Füße. Bohre Löcher vor und schraube das Unterteil mit den beiden letzten Holzschrauben an die Seitenteile des Rahmens.

19. Wenn die Metallstange, die durch die Mittelachse des Rahmens führt, oben aus dem Rahmen herausragt, schneidest du sie mit der Metallsäge bündig ab.

20. Gib auf die Stellen, wo die beiden waagrechten Stangen in den Rahmen eingesetzt wurden, einen Tropfen Epoxidkleber, um sie zu befestigen.

21. Male den Rahmen in einer Farbe deiner Wahl an. Unser Rahmen wurde mit einer dunkelgrünen Farbe gestrichen, die bereits in anderen Projekten zum Einsatz kam. Durchstöbere nach Möglichkeit immer zuerst deine Bastelvorräte (oder die von Familie und Freunden!), bevor du etwas Neues kaufst. Über Nacht trocknen lassen. Möglicherweise ist ein weiterer Anstrich nötig.

22. Bohre mit einem 12-mm-Bohrer Löcher mittig in die Füße des Rahmens.

23. Gib die Bewehrungsstahlstangen nur locker in die Füße. Stelle den Rahmen im Garten auf und stecke die Stahlstangen einige Zentimeter in den Boden. Nimm den Rahmen wieder von den Stahlstangen ab.

24. Schlage mit dem Hammer die Stahlstangen nicht ganz in den Boden und setze dann den Rahmen darauf. Möglicherweise musst du oben auf den Rahmen klopfen, damit er fest auf den Stahlstangen sitzt und damit die Stahlstangen tiefer in den Boden eindringen.

25. Nun geht's ans Pflanzen (siehe Seite 116)!

Pflanzen

Auch wenn es verlockend klingt, eine Teufelsschlinge an das Klettergerüst zu pflanzen – lasse besser die Finger davon! Versuche dein Glück lieber mit diesen harmlosen, aber dafür mehrjährigen Kletterpflanzen:

- Clematis
- Akebia
- Passionsblume
- Mandevilla
- Prunkwinde
- Geißblatt

Pflege

Das Rankgitter braucht eigentlich nicht viel Pflege. Nach ein paar Jahren kann sich wie bei der Außenfarbe eines Hauses die Farbe abnutzen. Nach 6 bis 8 Jahren muss es möglicherweise neu gestrichen werden.

Kletterpflanzen

Kletterpflanzen wenden unterschiedliche Strategien an.

- ***Schlingpflanzen*** klettern, indem sich die Zweige kreisförmig um eine Stütze winden und daran festhalten. Dazu gehören Clematis, Blauregen, Schwarzäugige Susanne und Akebia.
  Wusstest du, dass sich der Japanische Blauregen im Uhrzeigersinn und der Chinesische Blauregen gegen den Uhrzeigersinn emporschlängelt? Pflanzen sind immer wieder verblüffend!

- ***Rankpflanzen*** bilden Triebe, die sich an einer Stütze festhalten. Beispiele für Rankpflanzen sind Erbse, Passionsblume, Weinrebe und Kürbisgewächse.

- ***Selbstklimmer*** halten sich an stützenden Strukturen fest. Sie beschädigen Oberflächen und müssen sorgfältig kontrolliert werden. Zu den Selbstklimmern zählen der Efeu und die Kriechspindel.

SPALIER DER PROPHEZEIUNG

„Du musst wissen, dass Prophezeiungen nur von dem geholt werden können, dessen Person sie betreffen."

LUCIUS MALFOY,
HARRY POTTER UND DER ORDEN DES PHÖNIX

SCHWIERIGKEITSGRAD: 1
ZEIT: 1 STUNDE

In *Harry Potter und der Orden des Phönix* wird Harry Potter in das Zaubereiministerium gelockt, als Voldemort eine falsche Vision in Harrys Gedanken projiziert, in der sein Patenonkel Sirius Black dort festgehalten wird. Harry und seine Begleiter, die Mitglieder von Dumbledores Armee, finden sich in der Halle der Prophezeiungen wieder. Zwischen unzähligen Regalen voller Kugeln mit schattenhaften Prophezeiungen entdeckt Neville eine Prophezeiung von Sybill Trelawney zu Harry und Voldemort.

Die Halle der Prophezeiungen war das erste Set für einen Harry-Potter-Film, das vollständig im Computer entstand. Der Aufwand und die Gefahr, unzählige Glaskugeln und Regale zu filmen, die explodieren und zu Boden stürzen – und das mehrmals! –, wäre einfach zu groß gewesen. Allerdings hatten die Requisitenbauer schon fünfzehntausend beleuchtete Kugeln vorbereitet, bevor die endgültige Entscheidung zugunsten der Computergrafik fiel. Ausstatterin Stephenie McMillan, die Requisiten nur ungern verschwendet, hat einige Kugeln als Getränkespender für einen Imbissstand im Atrium des Ministeriums wiederverwendet.

Die Kugeln mit den Prophezeiungen, die in *Harry Potter und der Orden des Phönix* im Zaubereiministerium zu sehen sind, lieferten auch die Inspiration zu diesem Spalier. Wir prophezeien dir, dass es deine Kletterpflanzenpracht zauberhaft zur Geltung bringt.

Das brauchst du:

- ✋
- 4 Metallringe (ø 25 cm)
- Blumendraht
- Spitzzange
- Drahtschneider
- 4 Metallringe (ø 35 cm)
- 4 Metallringe (ø 50 cm)
- Zange
- Vorschlaghammer
- Bewehrungsstahl, 1,2 m lang

So geht's:

1. Nimm 2 der 25-cm-Metallringe und platziere einen senkrecht in den anderen waagrechten. Umwickle die Stellen, an denen sie sich berühren, fest mit Blumendraht. Überkreuze den Blumendraht mehrmals. Ziehe die Handschuhe an und verdrehe den Blumendraht zum Schluss mit der Spitzzange. Schneide den überschüssigen Draht mit dem Drahtschneider ab.
2. Platziere den dritten 25-cm-Ring schräg in den ersten beiden. Umwickle die Stelle, an der er die Ringe berührt, mit Draht.
3. Füge den vierten Ring in einem anderen Winkel hinzu, sodass nur wenige große Lücken in der Spalierkugel bleiben. Fixiere die Berührungspunkte wieder mit Draht.
4. Wiederhole das Ganze mit den vier 35-cm-Metallringen.
5. Wiederhole das Ganze mit den vier 50-cm-Metallringen.
6. Nimm den Bewehrungsstahl und schlage ihn mit dem Vorschlaghammer so weit in den Boden oder in einen Blumenkübel, dass noch etwa 1 m herausragt.
7. Platziere die Spalierkugeln über dem Bewehrungsstahl, die großen unten, die kleinen ganz oben.
8. Setze Kletterpflanzen unter die Spalierkugeln (siehe Bild auf Seite 118).

Pflanzen

Wie bereits beim Rankgitter der Heiligtümer des Todes können wir dir nur davon abraten, eine Teufelsschlinge in die Kugeln zu setzen. So verlockend es auch sein mag – mit diesen harmlosen Kletterpflanzen bist du auf der sicheren Seite:

- Clematis
- Passionsblume
- Mandevilla
- Prunkwinde
- Geißblatt

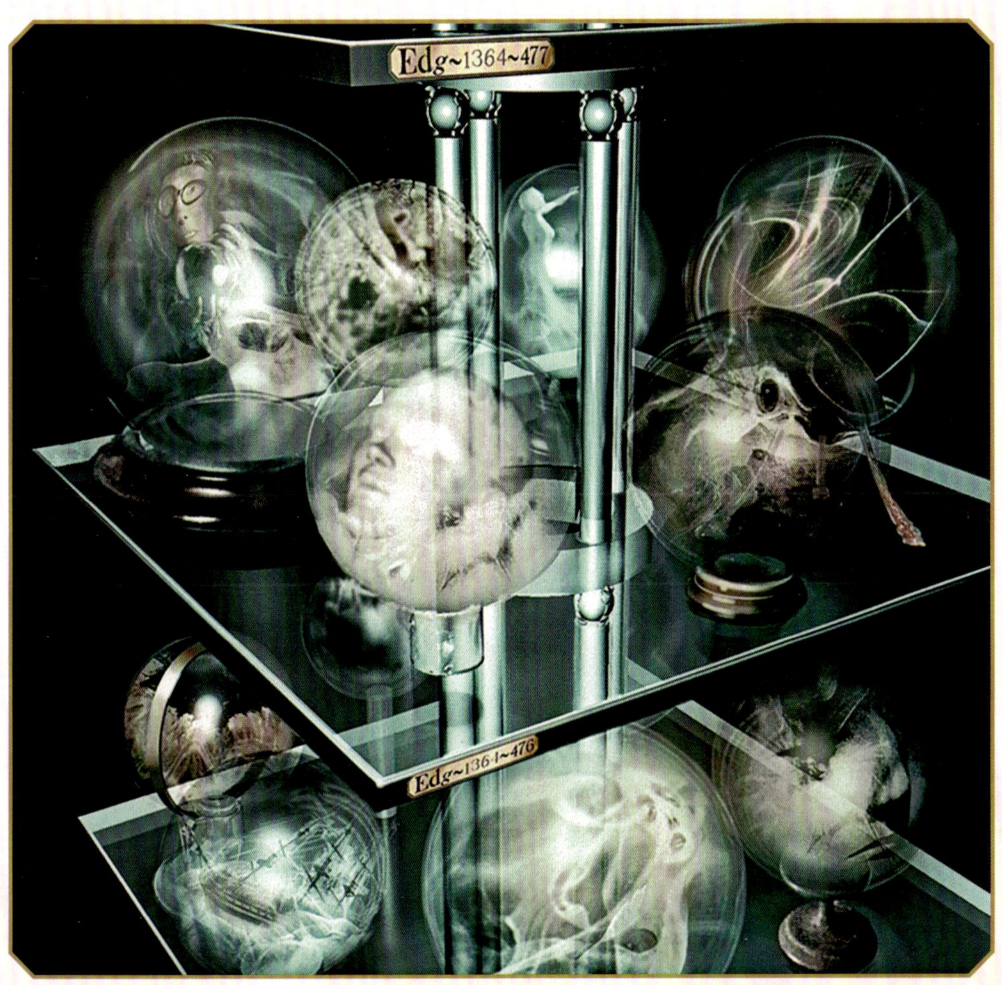

DER SPRECHENDE HUT ALS BLUMENAMPEL

„Ich rufe jeden einzeln auf, dann tretet ihr vor, und ich werde euch den Sprechenden Hut aufsetzen. Der verteilt euch auf eure Häuser."

PROFESSOR MINERVA McGONAGALL,
HARRY POTTER UND DER STEIN DER WEISEN

SCHWIERIGKEITSGRAD: 3
ZEIT: 3 BIS 4 STUNDEN

In Hogwarts bekommen alle neuen Schüler während der Zuordnungszeremonie einen kegelförmigen Hut aufgesetzt. Der verkündet dann, welchem Haus sie zugeordnet werden. Das geht manchmal ruck, zuck – etwa bei Ron Weasley, der wie bereits fünf seiner Brüder nach Gryffindor kommt, oder bei Draco Malfoy, der wie seine Eltern nach Slytherin kommt. Bei Harry Potter fällt dem Hut die Entscheidung schwerer, und er schwankt lange zwischen Slytherin und Gryffindor. Aber am Ende berücksichtigt der Hut Harrys Vorliebe, wie Harry seinem Sohn Albus viele Jahre später erklärt, und so kommt Harry ins Haus Gryffindor.

Der Sprechende Hut aus den Harry-Potter-Filmen entstand sowohl in digitaler Form als auch als echte Requisite, und das gleich sieben Mal! Für jedes Exemplar wurde zunächst Veloursleder in eine Kegelform gepresst, in heißem Wasser eingeweicht und dann getrocknet. Hinzu kamen Drähte, damit die Hüte ihre Form behielten. Ein paar Exemplare wurden zur Stabilität mit Rosshaar gefüttert. Dann wurden die Hüte eingefärbt, auf alt getrimmt und mit keltischen Symbolen bedruckt. Dass sie unterschiedliche Falten und Schattierungen aufwiesen, fällt nicht auf, da man immer nur einen Hut sieht.

Ein echtes Unikat ist dagegen diese Blumenampel in Form des Sprechenden Huts. Hänge sie vor dein Haus, egal ob du ein Gryffindor, Hufflepuff, Ravenclaw oder Slytherin bist.

Das brauchst du:

- kegelförmiger Hängekorb
- gewellte Kunststoffplatte, 60 x 60 cm
- Bandmaß
- flaches Holzstück, 30 cm lang
- Bohrmaschine und 2 Bohrer (ø 3 mm und 5,6 mm)
- schwarzer Filzstift
- Nagel
- Hammer
- Brett
- Cutter
- Schere
- besonders reißfester Nähfaden
- Outdoorstoff
- Schneiderkreide
- Nähmaschine
- Stecknadeln, Nähnadel
- Blumendraht
- Pflanzen (siehe Seite 127)

HINWEIS: Dies ist eine Hängeampel für den Außenbereich. Überschüssiges Wasser sickert durch und tropft auf den Boden.

So geht's:

1. Besorge dir einen kegelförmigen Hängekorb mit Draht (erhältlich in großen Gartencentern oder online). Das verwendete Exemplar ist 30 cm im Durchmesser und 48 cm hoch. Es gibt die Körbe mit einer Einlage aus Kokosfaser oder mit Weidengeflecht. Entferne die Kokoseinlage, falls vorhanden, und die Aufhängevorrichtung (beides gibst du später wieder dazu).
2. Dann fertigst du die Krempe für den Hut an. Dazu nimmst du die Kunststoffplatte und markierst die Mitte.

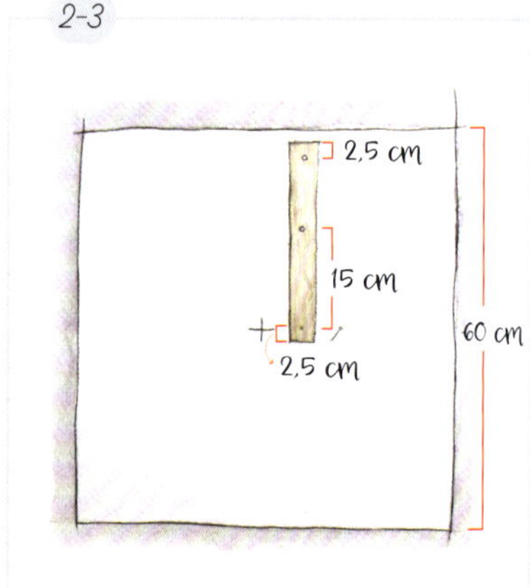

3. Nimm das Holzstück und bohre 2,5 cm vor der unteren Schmalseite mit dem 3-mm-Bohrer ein Loch für den Nagel. 15 cm von diesem Loch entfernt und 2,5 cm vor der oberen Schmalseite bohrst du mit dem 5,6-mm-Bohrer zwei Löcher, in die der schwarze Filzstift passt.
4. Lege die Kunststoffplatte auf deine Arbeitsfläche oder auf ein Brett, in das du vorübergehend einen Nagel schlagen kannst.
5. Lege das Holzstück so auf die Kunststoffplatte, dass das Nagelloch über dem Mittelpunkt liegt. Dann schlägst du den Nagel durch das Nagelloch, aber nur leicht, damit du den Nagel wieder problemlos aus der Platte ziehen kannst.
6. Nun führst du die Filzstiftspitze durch das Loch am anderen Ende des Holzstücks und ziehst einen Kreis.
7. Dann führst du die Filzstiftspitze durch das mittlere Loch und ziehst einen weiteren Kreis.

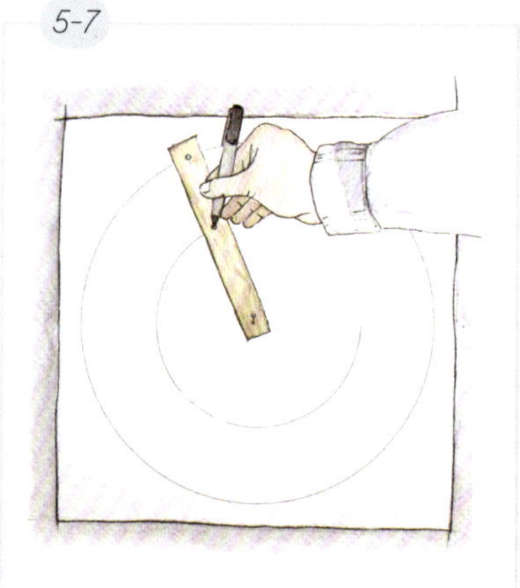

8. Schneide mit dem Cutter auf einer geeigneten Arbeitsfläche entlang der Filzstiftkreise einen Ring aus.

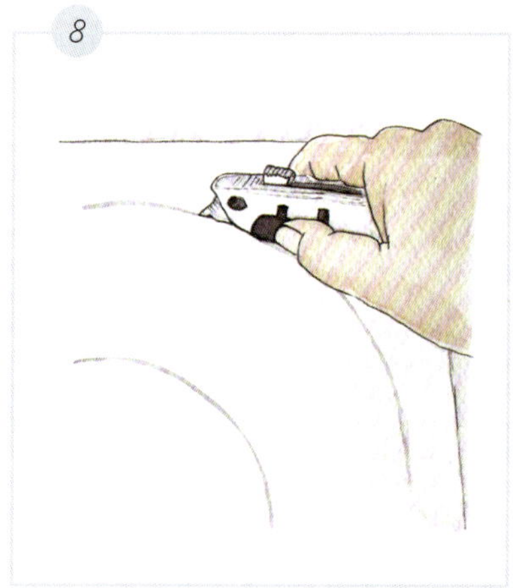

9. Schneide den Ring, der die Unterlage für die Hutkrempe bildet, an einer Stelle durch. So lässt er sich später leichter in den Stoffüberzug einpassen.

10. Lege den Ring auf den Outdoorstoff. Schneide den Stoff mit der Schere bei einer Nahtzugabe von jeweils 12 mm zu einem Ring zu. Wiederhole das Ganze. Nun hast du zwei große Stoffringe.

11. Schneide aus den Stoffresten zwei 4 cm breite Stoffstreifen. Sie sollten etwas länger sein, als die Stoffringe breit sind.

12. Lasse einen Stoffring intakt. Den anderen schneidest du an einer Stelle durch. Lege auf jede Seite des Schnitts einen Stoffstreifen und nähe ihn an.

13. Fahre mit dem Finger kräftig die Nahtlinien entlang und drücke die Nahtzugaben auseinander. Verwende kein Bügeleisen, da der Outdoorstoff sonst kaputt geht.

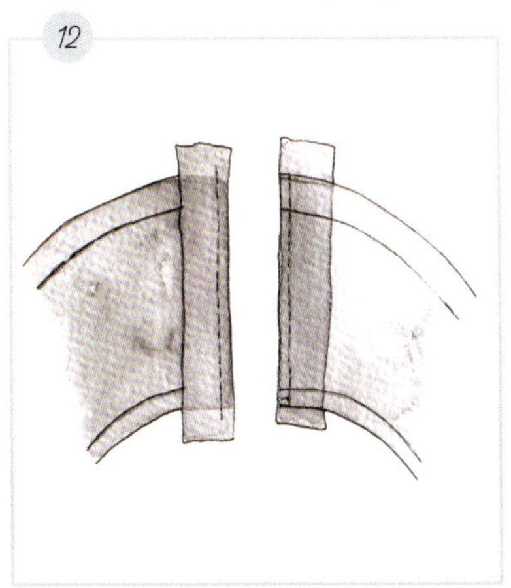

14. Lege die Stoffringe rechts auf rechts; der Ring mit den angenähten Stoffstreifen liegt oben. Nun steckst du die Stoffringe außen mit Stecknadeln zusammen.

15. Lege den Kunststoffring auf die zusammengesteckten Ringe. Zeichne mit Schneiderkreide einen Kreis mit einem Abstand von 12 mm zum äußeren Rand. Nähe mit der Nähmaschine entlang dieser Linie. Die beiden angenähten Stoffstreifen sollen sich etwas überlappen.

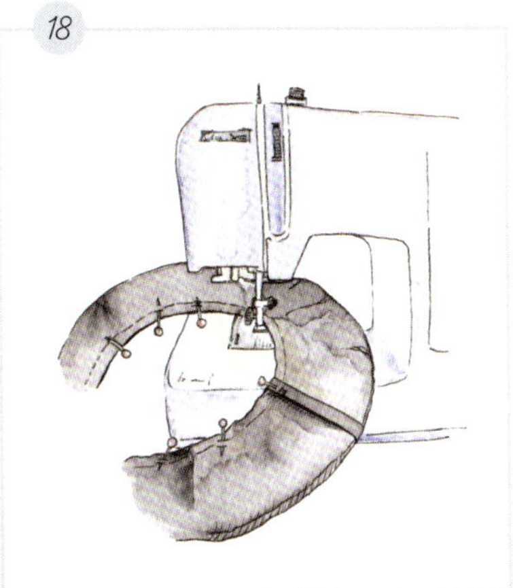

16. Entferne die Stecknadeln am äußeren Rand und wende den Stoff von innen nach außen. Anschließend streichst du mit der Hand die Nahtkante glatt.

17. Schiebe den Kunststoffring langsam in den Stoff, bis er vollständig im Stoffring ist.

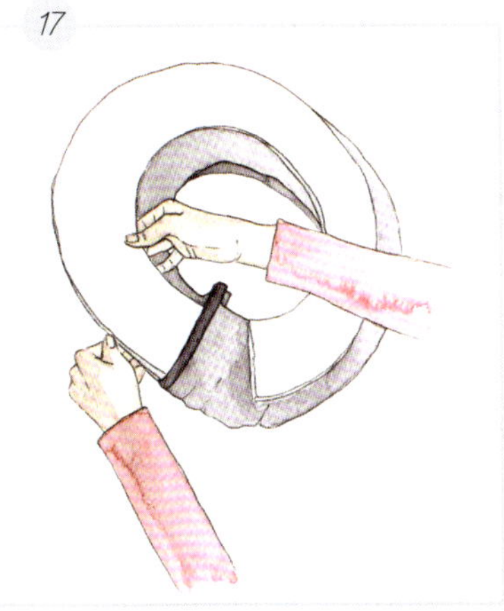

18. Nun steckst du den Innenrand der Stoffringe mit Stecknadeln zusammen und nähst möglichst nah am Kunststoffring entlang. So liegt der Stoff gut an.

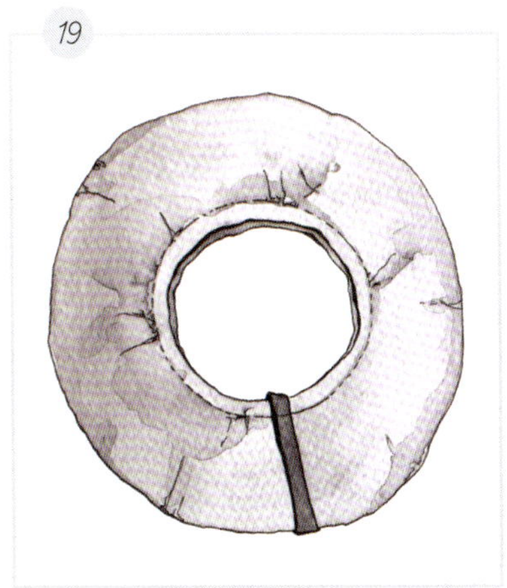

19. Entferne die Stecknadeln am inneren Rand und versäubere die Nahtzugabe. Fertig ist die Hutkrempe!

20 Schneide den Outdoorstoff für den Hängekorb zu. Dazu legst du den Korb auf den Stoff und rollst ihn, bis er vollständig mit Stoff bedeckt ist. Schneide die Form lose aus. Achte darauf, dass der Stoff für die Nahtzugabe mindestens 5 cm länger und 5 cm breiter als der Korb ist.

21 Lege den Stoff so zusammen, dass er die Form einer Zipfelmütze bekommt. Die Kanten der Langseiten liegen an einer Seite und verlaufen diagonal.

19–21

22 Stecke die diagonalen Kanten links auf links zusammen und nähe entlang der Kante. Entferne die Stecknadeln und drehe das Teil von innen nach außen.

23 Stülpe den Stoffkegel über den Korb. An der Öffnung faltest du den Stoff und steckst den Stoffüberhang in den Korb. Dann steckst du den Stoff mit Stecknadeln am Korbrand fest.

24 Nähe mit Nadel und Faden den Stoff so nahe wie möglich am Korbrand an. Heftstiche im Abstand von 10 mm reichen aus.

22–23

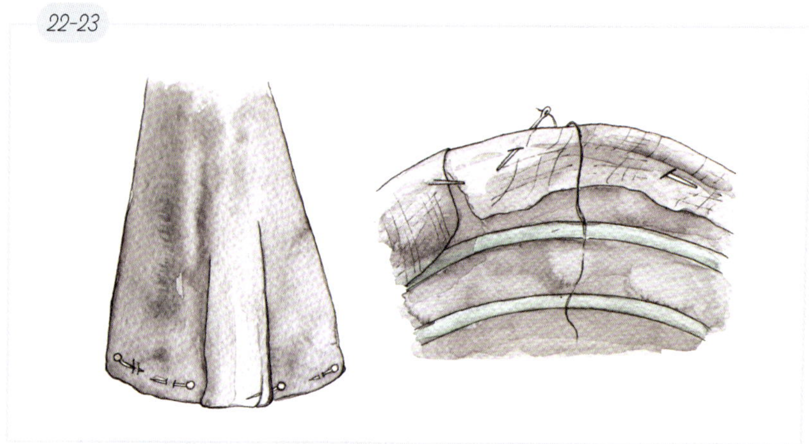

25 Entferne die Stecknadeln. Schneide die Nahtzugabe in der Innenseite mit der Schere auf 2,5 cm zurück und versäubere den Rand.

26 Befestige die Hutkrempe an mindestens vier Stellen mit Blumendraht am oberen Korbrand. Achte darauf, dass der versäuberte Innenrand der Krempe im Korb liegt.

27 Setze die Kokoseinlage in den Korb und befestige die Aufhängevorrichtung.

28 Jetzt kannst du den Hut bepflanzen!

26

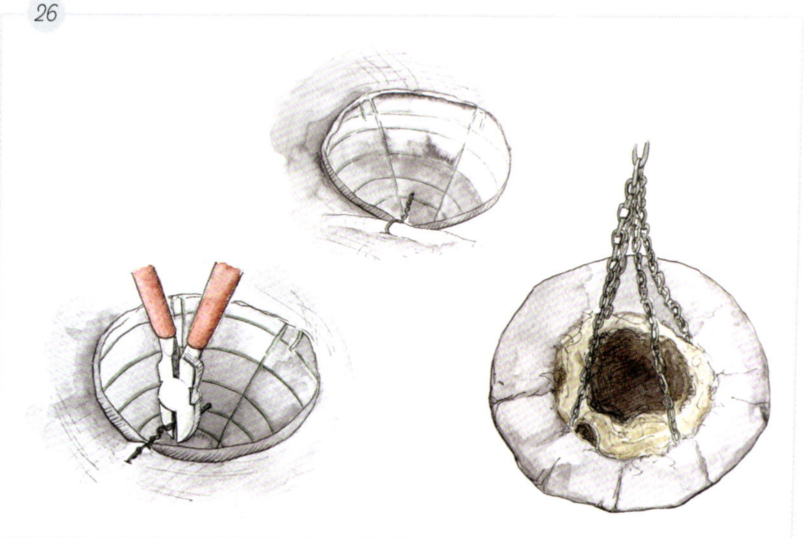

Pflanzen

Geeignete Pflanzen für den Außenbereich findest du im Pflanzengeschäft, Gartencenter oder Baumarkt. Lasse dich vom fachkundigen Personal beraten! Wir empfehlen für die zauberhafte Blumenampel folgende Pflanzen:

Hoch wachsende Pflanzen:

- Rotes Federborstengras (*Pennisetum setaceum* 'Rubrum')
- Farne
- Persische Schildpflanze (*Strobilanthes dyerianus*)
- Schmucklilie (*Agapanthus praecox orientalis* 'Atiblu')
- Perlhirse (*Pennisetum glaucum*)
- Orientalische Nieswurz (*Helleborus orientalis*)

Mittelhoch wachsende Pflanzen:

- Petunie
- Punktblume (*Hypoestes phyllostachya*)
- Steinkräuter
- Lippenblütler
- Zierspargel (*Asparagus densiflorus*)
- Begonien
- Fleißiges Lieschen (*Impatiens walleriana*)

Hängende Pflanzen:

- Weißbunter Efeu (*Hedera helix* 'Variegata')
- Süßkartoffel (*Ipomoea batatas*)
- Pfennigkraut (*Lysimachia nummularia*)
- Wandelröschen (*Lantana montevidensis*)
- Silberregen (*Dichondra argentea*)
- Gundermann (*Glechoma hederacea*)
- *Fuchsia* 'Autumnale'
- Großes Immergrün (*Vinca major*)
- Lakritzstrohblume (*Helichrysum petiolare*)

Pflege

Ob einjährig oder mehrjährig – die Pflanzen müssen regelmäßig gepflegt werden.

- **Licht:** Die meisten blühenden Pflanzen und Gräser bevorzugen einen hellen Platz, in der Sonne oder im Halbschatten.
- **Gießen:** Blumenampeln müssen im Sommer fast täglich gegossen werden. Hängende Blätter bedeuten, dass sie mehr Wasser brauchen.
- **Nicht vergessen:** Entferne abgestorbene Blätter.

BUBOTUBER
TENTACULA
DEVIL'S SNAR

PFLANZENBRETT „VERBOTENER WALD“

„In den Wald gehen? Ich dachte, das wäre ein Scherz von Ihnen. Wir können da nicht hineingehen. Das dürfen Schüler gar nicht. Und da gibt es … Werwölfe!“

DRACO MALFOY,
HARRY POTTER UND DER STEIN DER WEISEN

SCHWIERIGKEITSGRAD: 3
ZEIT: 2 BIS 3 STUNDEN

Mit diesem einzigartigen Pflanzenbrett, das du an einem Schuppen, einer Bretterwand oder einem Zaun befestigen und mit Etiketten versehen kannst, zollst du den Pflanzen aus den Harry-Potter-Filmen Tribut. Der Verbotene Wald war in allen Filmen außer *Harry Potter und die Heiligtümer des Todes – Teil 1* zu sehen. Und jedes Mal machte Szenenbildner Stuart Craig den Wald größer, dunkler und geheimnisvoller, mit immer noch dichterem Nebel und furchterregenderen Gewächsen. Für *Harry Potter und der Orden des Phönix* gestaltete er die Wurzeln der Bäume nach dem Vorbild tropischer Mangroven; das sah aus, als würden die Stämme von Fingern gehalten. Das größte Wald-Set der Harry-Potter-Filme entstand für *Harry Potter und die Heiligtümer des Todes – Teil 2*. Die Panoramakulisse, die den Drehort umgab, war sage und schreibe 183 Meter lang! Keine Sorge, ganz so groß wird dein Verbotener Wald nicht. Aber auch klein und fein verleiht er deinem Garten eine magische Atmosphäre, versprochen!

Das brauchst du:

- (Maske)
- (Gehörschutz)
- Bandmaß
- Kreissäge oder Handsäge
- druckimprägniertes Holzbrett, 5 cm x 20 cm x 240 cm
- schwarzer Filzstift
- Bohrmaschine und Bohrer (ø 2 mm)
- flaches Holzstück, 2,5 x 10 cm
- Hammer
- Nagel
- Bohrer, ø größer als das Stichsägeblatt breit ist
- Stichsäge
- Schleifpapier
- Pinsel
- Kreidefarbe (alternativ Wetterschutzfarbe oder Holzlasur)
- Holzschrauben, wetterfest, 16 cm

So geht's:

1. Schneide mit der Kreis- oder Handsäge das Brett auf 1,2 m zurecht. Die meisten Baumärkte schneiden Holz kostenlos zu (du brauchst also vielleicht nicht einmal eine Säge!). Mit einem 2,4 m langen Brett kannst du zwei dieser Pflanzenbretter herstellen.
2. Markiere die Mitte in der Länge und in der Breite. Das ist die Mitte der ersten Topföffnung.
3. Zeichne in Längsrichtung eine Mittellinie.
4. Miss 24 cm von der Brettmitte aus entlang der Mittellinie. Markiere diese Stelle mit dem schwarzen Filzstift mit einem +.
5. Miss weitere 24 cm vom + aus und markiere die Stelle mit einem weiteren +. Wiederhole das von der Mitte aus auf der anderen Seite.
6. Bohre zwei Löcher im Abstand von 7 cm in das Holzstück: Ein Loch ist für den Nagel, das andere für den Filzstift.
7. Nagle das Holzstück mit leichtem Hammerschlag auf das erste +.
8. Stecke die Filzstiftspitze in das andere Loch und drehe das Holzstück so, dass ein Kreis entsteht. Entferne das Holzstück samt Nagel und Filzstift.
9. Wiederhole den Vorgang bei den anderen vier Topföffnungen.

2-5

7-9

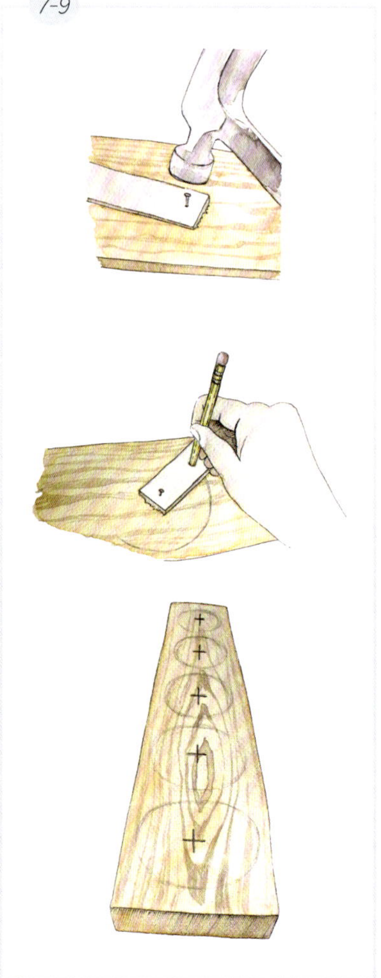

10. Bohre mit dem großen Bohrer ein Loch an der Innenseite jedes markierten Kreises.

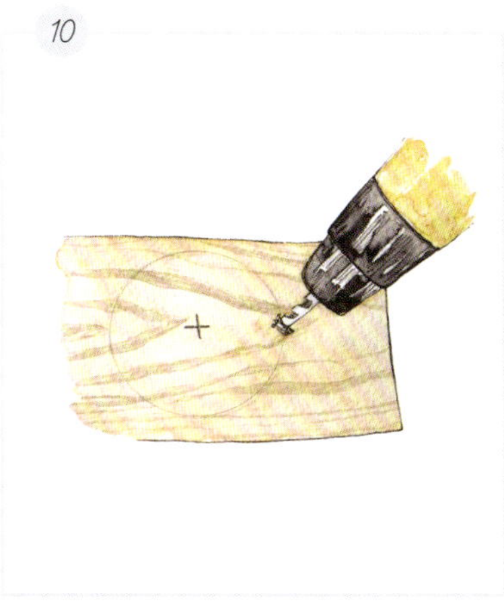

11. Schneide mit der Stichsäge Kreise für fünf Topföffnungen aus.

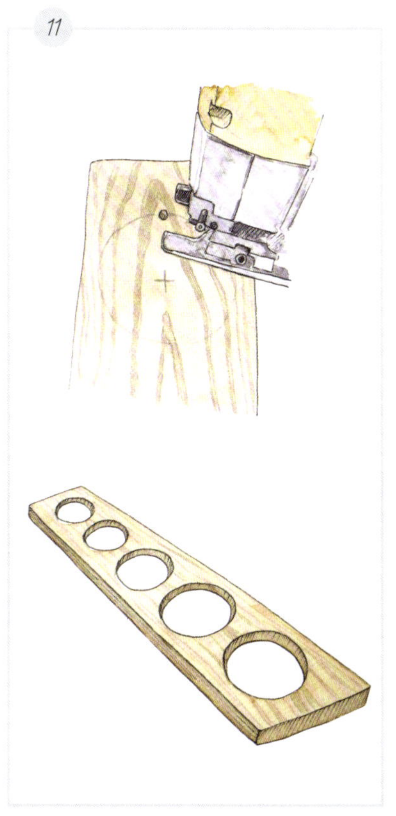

12. Prüfe, ob die Töpfe in die Löcher passen. Eventuell musst du etwas nachbessern oder die Stellen mit Schleifpapier glätten.

13. Schleife die Enden des Brettes glatt.

14. Bemale das Brett mit Kreidefarbe, wenn du Pflanzennamen daraufschreiben willst. Ansonsten kannst du Wetterschutzfarbe oder eine Holzlasur deiner Wahl verwenden.

15. Dieses Pflanzenbrett ist für den Außenbereich gedacht. Am besten schraubst du es mit den wetterfesten Holzschrauben an einer horizontalen Stütze fest.

16. Pflanze verschiedene Pflanzen (siehe Seite 132) in die Töpfe und setze die Töpfe in dein Brett.

17. Beschrifte das Brett auf der Vorderseite mit Kreidefarbe – und zwar mit magischen Pflanzennamen, nicht mit Muggelnamen! Zum Beispiel Teufelsschlinge, Wolfswurz, Kartoffelbauchpilz, Löffelkraut, Diptam, Zitternder Ginsterbusch, Bubotubler, Alihotsi, Flitterblume oder Mimbulus Mimbeltonia. Magische Gärten sind schließlich immer interessanter als Muggelgärten!

Pflanzen

Der zauberhafte Pflanzenhalter wäre ein schönes Zuhause für folgende Pflanzen:

Geranien

Petunien

Mandevilla

Chrysanthemen

Begonien

Funkien

Blut-Purpurglöckchen (*Heuchera sanguinea*)

Fleißiges Lieschen (*Impatiens walleriana*)

Kalifornischer Flieder (*Ceanothus thyrsiflorus*)

Pflege

Diese Pflanzen brauchen regelmäßige Pflege.

- ***Licht:*** Viele Blütenpflanzen vertragen keine direkte Sonne, nur Halbschatten. Lies dir die Etiketten der einzelnen Pflanzen sorgfältig durch – manche lieben direktes Sonnenlicht, andere bevorzugen Halbschatten. Am besten kombinierst du Pflanzen mit ähnlichen Bedürfnissen.

- ***Gießen:*** Pflanzen in Töpfen trocknen schneller aus als Pflanzen in der Erde. Behalte die Pflanzen im Auge! Sie müssen etwa jeden zweiten Tag gegossen werden – bei Regen weniger, bei Trockenheit mehr.

- ***Nicht vergessen:*** Entferne abgestorbene Blätter, damit die Pflanzen hübsch aussehen.

KEEP OFF THE
DIRIGIBLE PLUMS

LENKPFLAUMEN-GARTENDEKOR

„Xenophilius Lovegood. Wir wohnen auf der anderen Seite des Hügels."

„Freut mich sehr, Sir."

XENOPHILIUS LOVEGOOD UND HARRY POTTER,
HARRY POTTER UND DIE HEILIGTÜMER DES TODES – TEIL 1

SCHWIERIGKEITSGRAD: 2
ZEIT: 2 BIS 3 STUNDEN

Neben der Butterbier-Halskette, die in *Harry Potter und der Orden des Phönix* zu sehen ist, besitzt Luna Lovegood auch Ohrringe, die an Lenkpflaumen erinnern – eine orangefarbene Frucht, die verkehrt herum wächst. Ein Busch mit diesen der Schwerkraft trotzenden Pflanzen, die eher Radieschen ähneln, gedeiht vor dem Haus der Lovegoods. Und ein großes Schild fordert die Besucher auf, sich von den Lenkpflaumen fernzuhalten.

Schauspielerin Evanna Lynch, die handwerklich ebenso begabt ist wie ihre Filmfigur, half bei der Gestaltung und tüftelte gemeinsam mit Kostümbildnerin Jany Temime an Form und Farbe von Lunas Perlenohrringen. Lynch fertigte auch ein Armband mit Hasenanhänger aus Perlen und steuerte Ideen zum Design des Löwenhuts bei, den sie als Anhängerin des Gryffindor-Quidditch-Teams in *Harry Potter und der Halbblutprinz* trägt.

Gut möglich, dass sich Luna bei der Gestaltung der Lenkpflaumen-Ohrringe von ihrem Zuhause inspirieren ließ. Mit diesen „schwebenden" Lenkpflaumen aus Tischtennisbällen und dem passenden Schild wie aus dem Film wirst du deine Besucher auf jeden Fall zum Schmunzeln bringen!

Das brauchst du:

-
-
-
-
- Bleistift
- Bandmaß
- Hand- oder Kreissäge
- Zaunlatte aus Zedernholz, 1,5 cm x 15 cm x 120 cm
- druckimprägnierter Pfosten, 5 cm x 5 cm x 250 cm
- Bohrmaschine und verschiedene kleine Bohrer
- Schraubenzieher
- 2 wetterfeste Holzschrauben, 5 cm lang
- Hammer
- 8 wetterfeste Nägel
- Schleifpapier
- Pinsel
- Computer und Drucker
- Klebeband
- dunkelorange Wetterschutzfarbe
- Metallstange, ø 3 mm, 90 cm lang
- Schraubstock
- Metallsäge
- 2 Tischtennisbälle
- Floristikband
- Schwamm
- dunkelorange Acrylfarbe
- weiße Acrylfarbe
- Heißklebepistole
- künstliche Blätter

So geht's:

1. Schneide aus der Zaunlatte mit der Hand-oder Kreissäge zwei 60 cm lange Stücke zu.
2. Schneide vom Pfosten mit der Hand- oder Kreissäge 2 Teile mit je 48 cm (für die Beine) und ein drittes Teil mit 58 cm Länge (für die Oberseite) zu.
3. Mache auf der Oberseite 5 cm von jedem Ende entfernt mittig eine Markierung. Bohre in beide Markierungen ein Loch mit einem Bohrer vor, der etwas kleiner ist als die Holzschrauben. Befestige an der Markierung die beiden 48 cm langen Pfosten rechtwinklig zur Oberseite. Schraube die Holzschrauben an den vorgebohrten Stellen in die Pfosten.

3

4. Lege die Pfostenkonstruktion flach auf den Tisch und setze das erste Lattenstück mittig so darauf, dass die Lattenkante mit der Oberseite abschließt. An den Seiten sollten je 12 cm überstehen.
5. Hämmere die wetterfesten Nägel durch das Lattenstück in die Beine, und zwar jeweils 2,5 cm von den Lattenkanten entfernt.
6. Auf die gleiche Weise bringst du das zweite Lattenstück direkt unter dem ersten an.

4-6

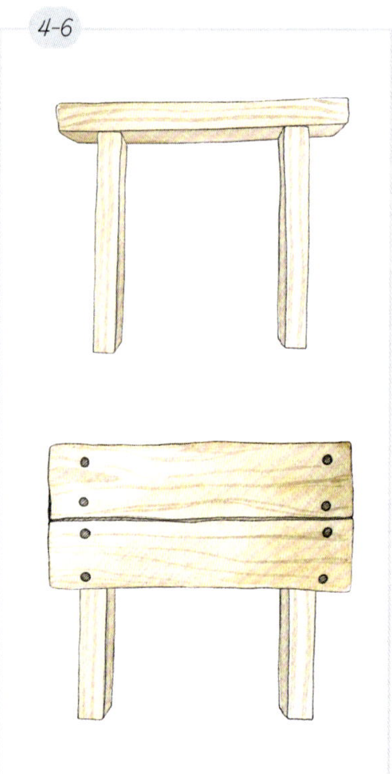

TIPP: Wenn du die Nagellöcher mit einem Bohrer vorbohrst, der etwas kleiner als die Nägel ist, besteht weniger Gefahr, dass das Holz splittert oder sich spaltet.

7. Glätte alle Kanten mit Schleifpapier.
8. Drucke die Schablone für dieses Projekt aus, die du unter www.InsightEditions.com/HarryPotter-HerbologyMagic findest.
9. Wenn du nur A4-Papier ausdrucken kannst, brauchst du mehrere Seiten. Schneide die Buchstaben aus.
10. Lege für den Text die Buchstabenschablonen mittig auf die Lattenstücke.
11. Übertrage den Text mit einem weichen Pinsel in Dunkelorange. Zedernholz ist rau, daher sind möglicherweise zwei Farbaufträge nötig, damit die Farbe gut deckt.
12. Bohre mit einem 3-mm-Bohrer zwei Löcher 4 cm tief mittig in die Oberseite der Pfostenkonstruktion, das eine Loch 9 cm, das andere 15 cm vom rechten Rand entfernt. Achte darauf, dass die Löcher in einer geraden Linie sitzen.
13. Platziere die Metallstange im Schraubstock und säge sie so auseinander, dass du zwei Stücke erhältst – eines 45 cm, das andere 30 cm lang. TIPP: Wenn du so nah wie möglich am Schraubstock sägst, biegt sich die Stange nicht so stark.
14. Stecke die Stangen in die vorgebohrten Löcher auf der Oberseite und fixiere sie mit leichten Hammerschlägen. Achte darauf, dass die Stangen gerade stehen.
15. Umwickle die Metallstangen mit Floristikband.
16. Bohre mit einem kleinen Bohrer ein Loch in jeden Tischtennisball, ohne durchzubohren. Dies ist nun die Unterseite des Tischtennisballs.
17. Male die Bälle weiß und orange an und erzeuge von oben nach unten einen Farbverlauf, sodass sie wie Lenkpflaumen aussehen. Das funktioniert am besten mit einem Schwamm. Trocknen lassen.
18. Setze die Bälle nach dem Trocknen auf die Metallstangen.
19. Bringe mit der Heißklebepistole unten an jeder Stange unechte Blätter an. Decke die Klebestelle mit Floristikband ab.

20. Bohre ein kleines Loch oben in den Tischtennisball, gib einen Tropfen Heißkleber darauf und stecke die unechten Blätter ins Loch.

Pflege

Schild und Farben halten länger, wenn sie im Schatten oder Halbschatten stehen. Über Winter sollte das Schild drinnen aufbewahrt werden.

- ***Übrigens:*** Das Schild erhält mit der Zeit eine natürliche Patina. Wenn die Farbe zu sehr verblasst, kannst du sie auffrischen.

5972

HAUSNUMMERNSCHILD WIE IM LIGUSTERWEG

„Albus, können wir es wirklich verantworten, dass er hier bei diesen Leuten bleibt? Ich habe sie heute beobachtet. Die schlimmste Sorte von Muggeln, die man sich vorstellen kann."

PROFESSOR MINERVA McGONAGALL,
HARRY POTTER UND DER STEIN DER WEISEN

SCHWIERIGKEITSGRAD: 1
ZEIT: 1 STUNDE

Die ersten elf Jahre seines Lebens und die Sommerferien verbringt Harry Potter bei seinen einzigen lebenden Verwandten, seiner Tante Petunia, ihrem Mann Vernon und deren Sohn Dudley. Auf ihr Eigenheim im Ligusterweg Nummer vier sind die Dursleys besonders deshalb stolz, weil es in der Nachbarschaft nicht auffällt. Das Haus, das zum ersten Mal in *Harry Potter und der Stein der Weisen* zu sehen ist, befindet sich nämlich in einer Vorstadtsiedlung, in der ein Haus aussieht wie das andere. Gerade das ist es auch, was die Dursleys wollen – genau so sein wie alle anderen. Nach den Vorstellungen von Regisseur Chris Columbus sollte die Siedlung bedrückend wirken – ein „schrecklich mittelmäßiger Ort". Pflanzen bewirken da eher das Gegenteil: Sie bringen fröhliche Farbtupfer ins Einheitsgrau und unterstreichen die Individualität des Hausbesitzers. Auch mit dieser genialen Deko hebt sich dein Zuhause garantiert von der Nachbarschaft ab.

Das brauchst du:

- tiefer 3D-Bilderrahmen, etwa 38 x 17 x 5 cm
- Heißklebepistole
- Dekomoos
- Schraubenzieher und Schrauben
- Hausnummern, 10 cm groß

So geht's:

1. Öffne den Rahmen und nimm die Rückwand ab.
2. Klebe das Moos mit der Heißklebepistole auf die Rückwand.
3. Schraube mit dem Schraubenzieher die Hausnummern durch das Moos hindurch in die Rückwand. Achte darauf, dass du nicht zu weit durch die Rückwand bohrst. Schließe den Rahmen wieder.

Pflege

Vor direkter Sonneneinstrahlung und Unwetter schützen.

4

VOGEL- UND BIENENTRÄNKE „DENKARIUM“

„Das ist ein Denkarium, überaus nützlich, wenn man wie ich zuweilen das Gefühl hat, der Kopf platzt aus allen Nähten.“

ALBUS DUMBLEDORE,
HARRY POTTER UND DER FEUERKELCH

SCHWIERIGKEITSGRAD: 1
ZEIT: 45 MINUTEN

In *Harry Potter und der Feuerkelch* stößt Harry im Büro von Albus Dumbledore auf ein Denkarium. Die magische Schale erlaubt es ihm, Erinnerungen – seine eigenen sowie die anderer – zu betrachten. Dumbledore kann seine Erinnerungen mit dem Zauberstab wie Fäden aus dem Kopf ziehen. Aber die Erinnerungen können auch manipuliert werden. So etwa verbirgt Horace Slughorn seine Erinnerung an die Begebenheit, als Voldemort ihn zu den Horkruxen ausfragte. Zudem können Erinnerungen in Tränen stecken, wie etwa bei Severus Snape, der seine Erinnerungen ausweint. Als Harry sie im Denkarium sieht, erfährt er die Wahrheit über Snape und sein eigenes Schicksal.

Für das erste Denkarium schufen die Digital Artists eine spiegelnde, flüssige Oberfläche mit Silberfäden, die im flachen Becken glitzern und als Erinnerung sichtbar werden, als Harry seinen Kopf ins Becken taucht. In *Harry Potter und der Halbblutprinz* schwebt die Schale des Denkariums in der Luft. Sobald die Erinnerungen hineingegossen werden, folgt der Betrachter den schwarzen Fäden, die sich zu Erinnerungen formen, nach unten.

Die Vogeltränke im Stil des Denkariums aus Dumbledores Büro ist für alle gedacht, die sich zu viele Gedanken über ihren Garten machen. Bienen und Vögel werden sich sehr darüber freuen.

Das brauchst du:

- Terrakottaschale, ø 40 cm
- Pinsel, 4 cm breit
- silberne Acrylfarbe
- Drahtschneider
- Rankhilfe (optional)
- Montagekleber (optional)
- durchsichtige Glasnuggets

So geht's:

1. Die Schale muss sauber sein.
2. Bemale den Innenboden mit silberner Acrylfarbe. Lasse die Farbe vollständig trocknen.
3. Suche einen geeigneten Platz. Ideal ist eine Stelle in der Nähe eines Baums, aber nicht direkt darunter. Vögel und Bienen mögen einen Baum, wo sie bei Gefahr Zuflucht finden. Finde einen ebenen Platz in der Sonne, den Vögel gut sehen können und an dem sich weder Blätter, noch Schmutz oder Abfälle sammeln. Abfälle können Schimmel und Bakterien begünstigen, die Vögeln schaden. Sorge dafür, dass die Schale nicht umkippen oder herunterfallen kann.
4. Schneide die Rankhilfe mit der Drahtschere zurecht, bis das Denkarium daraufpasst; stecke die Rankhilfe so tief in den Boden, dass die Konstruktion eben und stabil steht. Du kannst das Denkarium auch an einen Baum hängen oder auf einen Sockel, einen Stapel Ziegel, einen Baumstumpf, einen großen, umgedrehten Terrakottatopf oder eine alte Trittleiter stellen. Wichtig ist nur, dass die Schale nicht wackelt. Fixiere sie bei Bedarf mit Kleber.
5. Regelmäßig mit sauberem Wasser – am besten Regenwasser – auffüllen.
6. Füge die Glasnuggets hinzu, um Bienen und anderen Bestäubern den Zugang zu erleichtern.

SCHWEBENDE KERZEN AUS DER GROSSEN HALLE

„Übrigens, die Decke ist nicht echt. Sie ist nur verzaubert, damit sie so aussieht wie der Himmel draußen. In dem Buch Die Geschichte Hogwarts' ist das nachzulesen."

HERMINE GRANGER,
HARRY POTTER UND DER STEIN DER WEISEN

SCHWIERIGKEITSGRAD: 3
ZEIT: 2 STUNDEN

Mit diesen schwebenden Kerzen kannst du die Atmosphäre der Großen Halle von Hogwarts aus *Harry Potter und der Stein der Weisen* in deinen Garten zaubern. Die magische Decke der Großen Halle gibt den Blick auf den Tag- und Nachthimmel frei. Darunter schweben Hunderte von Kerzen, die den Raum mit Licht erfüllen. Bei den ersten Dreharbeiten für die Szene waren in der Großen Halle 370 echte Kerzen, die sich auf- und abbewegen ließen, an Drähten befestigt. Dann stellte sich jedoch heraus, dass die Drähte nach nur einer Stunde rissen, und die Filmemacher entschieden sich für digitale Kerzen. Die waren nicht nur sicherer, sondern ließen sich auch fantasievoller in Spiralen und Bögen anordnen.

Dame Maggie Smith, die Professor McGonagall spielte, erinnert sich, wie sie das erste Mal die Große Halle betrat: „Es war einfach unglaublich. Und es hat immer noch diese Wirkung auf mich, wenn sich die Kerzen auf- und abbewegen; es ist einfach ein magischer Ort." Bestimmt wird die zauberhafte Beleuchtung in deinem Garten auch deine Freunde und Familie begeistern.

Das brauchst du:

- grüne Lichterkette mit 25 weißen LEDs, für den Außenbereich geeignet
- Bandmaß
- Bleistift
- 2 weiße PVC-Rohre, ø 1 cm, 3 m lang
- Schraubstock
- Metallsäge
- Dreieckschleifer

2

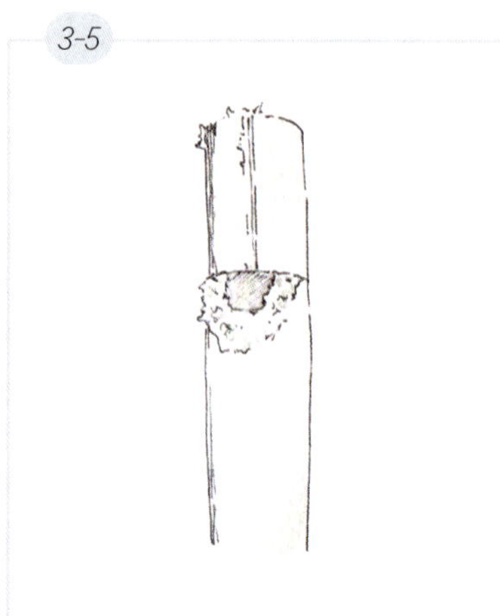

So geht's:

1. Schneide die beiden PVC-Rohre mithilfe des Schraubstocks und der Metallsäge in 25 jeweils 20 cm lange Stücke.
2. Nimm das erste Rohrstück und markiere es 2,5 cm unter dem oberen Rand. Dann machst du mit der Metallsäge einen geraden Schnitt quer durchs Rohr, aber nur bis zur Hälfte.
3. 1 cm unterhalb dieses Schnitts machst du eine zweite Markierung.
4. Von dort aus schneidest du im 45-Grad-Winkel nach oben bis an die Stelle, wo der erste Schnitt endet.
5. Schneide vom oberen Ende senkrecht nach unten bis zur Kerbe.

6. Schleife mit dem Dreieckschleifer raue Kanten und eventuelle Beschriftungen auf dem Rohr ab.
7. Wiederhole diesen Vorgang bei den anderen Rohrstücken.
8. Drücke das LED-Licht so in den senkrechten Schlitz, dass das Kabel aus der Kerbe hängt und oben am Rohrstück nur das Lämpchen herausragt. Eventuell musst du den Schlitz ein wenig öffnen, damit LED-Licht und Kabel hineinpassen.

9. Wiederhole die Schritte 2 bis 8 bei allen Rohrstücken.
10. Nun kannst du dein Meisterwerk draußen – oder auch drinnen! – aufhängen und die Kerzen schweben lassen. Achte darauf, dass sich die Schnittstellen an der Rückseite der Kerzen befinden und von vorne nicht zu sehen sind (wie im Bild auf Seite 148).

Trevor

EIN DOMIZIL FÜR TREVOR

„Ist hier zufällig eine Kröte? Ein gewisser Neville hat seine verloren."

HERMINE GRANGER,
HARRY POTTER UND DER STEIN DER WEISEN

SCHWIERIGKEITSGRAD: 1
ZEIT: 1 STUNDE

Die Erstklässler dürfen einen tierischen Begleiter nach Hogwarts mitbringen, zum Beispiel eine Eule, eine Katze oder eine Kröte. Harry Potter bringt seine Schneeeule Hedwig mit, Hermine Granger ihre Katze Krummbein, und Neville Longbottom seine Kröte Trevor.

Trevor ist zum ersten Mal in *Harry Potter und der Stein der Weisen* zu sehen – wenn er nicht gerade ausgebüchst ist und Neville wieder mal nach ihm sucht. Insgesamt wird Trevor in den Harry-Potter-Filmen von vier Kröten dargestellt, und eine von ihnen heißt kurioserweise Harry! Während der Drehpausen hielten sich die Kröten-Darsteller in großen, beheizten Terrarien auf, die mit Moos ausgekleidet waren. Sobald Trevor einen Auftritt hatte, übergab ein Tiertrainer die jeweilige Kröte entweder Matthew Lewis (der Neville spielte), oder Trevor wurde auf eine Treppenstufe, einen Sessel oder eine andere Requisite gesetzt. Sobald die Szene gedreht war, brachte der Trainer die Kröte wieder in ihre Behausung.

Diesen gemütlichen Unterschlupf hier werden Kröten oder Frösche im Garten gar nicht mehr verlassen wollen!

Das brauchst du:

- Terrakottatopf, ø 15 cm
- Handstichsäge
- Acrylfarbe
- Pinsel
- Terrakottaschale, ø 15 cm
- Sekundenkleber
- Terrakottauntersetzer, ø 25 cm
- Kiesel und andere Steine

So geht's:

1. Setze eine Schutzbrille auf und schneide mit der Stichsäge langsam eine halbrunde Öffnung (etwa 10 x 7,5 cm) in den Rand des Topfes. Sei vorsichtig, damit der Topf nicht bricht!
2. Schreibe mit Pinsel und Farbe „Trevor" über die Öffnung (oder du denkst dir einen anderen lustigen Namen aus). Auch ein „Willkommen" wäre nett, aber denk daran, dass nicht alle Kröten lesen können.
3. Klebe die Schale am Topf fest.

4. Suche einen geeigneten Platz, wo das Tier vor Sonne und Fressfeinden geschützt ist. Zum Beispiel in der Nähe eines Blumen- oder Gemüsebeets – dort kommt ihr Appetit auf Insekten auch deinen Pflanzen zugute! Da Kröten ruhige, schattige Orte bevorzugen, kannst du das Domizil auch unter einen Baum stellen. Katzen und Hunde sollten möglichst ferngehalten werden.
5. Stelle den Topf möglichst so auf, dass der Eingang nach Norden, also weg von der Sonne, zeigt.
6. Bedecke den Boden des Krötendomizils mit Erde und Blättern.
7. Grabe etwa 15 cm vor dem Krötenhaus ein flaches Loch in den Boden, in das du den Terrakottauntersetzer stellst. Grabe so tief, dass der Rand des Untersetzers mit dem Boden abschließt. Kröten trinken nicht, sie nehmen Wasser über ihre Haut auf. Der Untersetzer, der ständig mit Wasser gefüllt ist, sorgt dafür, dass sie in der Nähe ihres neuen Zuhauses bleiben wollen.
8. Lege Kiesel und andere Steine um den Untersetzer herum, damit er sich gut einfügt.
9. Lege einen flachen Stein in den Untersetzer, möglichst nah an den Rand. Das erleichtert es der Kröte, nach dem Bad aus dem Wasser zu klettern.
10. Setze in die Schale über dem Krötendomizil ein paar Pflanzen, am besten einheimische, die von Natur aus am Standort wachsen.

Leckerbissen für Kröten

- Kröten sind völlig harmlos – und verursachen keine Warzen! Sie bilden eine Bereicherung für jeden Garten, denn sie vertilgen jeden Monat unzählige Insekten – Fliegen, Mücken, Heuschrecken, Ameisen, Grillen, Käfer, Ohrwürmer, Wespen – und sogar Schnecken!
- Die Tiere reagieren sehr empfindlich auf alle Arten von Pestiziden. Selbst biologische Pflanzenschutzmittel können für Kröten schädlich sein.
- Kröten leben normalerweise in Erdlöchern, unter Baumstämmen oder Steinen. Sie können weiter von Wasserquellen entfernt leben als Frösche.
- Die Tiere verbringen ihr ganzes Leben im gleichen Gebiet. Wild lebende Kröten können zehn bis zwölf Jahre alt werden. In Gefangenschaft schaffen sie es sogar auf 30 Jahre und mehr! Nachts sind sie am aktivsten.
- Kröten sind fast in allen Teilen der Welt zu Hause, außer in Australien, Grönland, Madagaskar, Neuguinea, Neuseeland und den Polargebieten.

Kapitel 4

JEDER GARTEN STECKT VOLLER MAGIE

„Willkommen in Gewächshaus drei, Zweitklässler."

PROFESSOR POMONA SPROUT, *HARRY POTTER UND DIE KAMMER DES SCHRECKENS*

MAGISCHE PFLANZEN UND IHRE NICHTMAGISCHEN ENTSPRECHUNGEN

„Unsere Alraunen sind noch sehr jung, deshalb werden ihre Schreie euch nicht umbringen – noch nicht, aber sie setzen euch für Stunden außer Gefecht."

PROFESSOR POMONA SPROUT,
HARRY POTTER UND DIE KAMMER DES SCHRECKENS

Die Pflanzen der Zauberwelt können nützlich oder schädlich sein, manchmal sogar beides. Alraunen, die als kreischende Babys schwer zu bändigen sind, dienen zur Herstellung des Alraune-Wiederbelebungstranks, mit dem Professor Sprout in *Harry Potter und die Kammer des Schreckens* die vom Basilisken versteinerten Schüler zurückholt.

- Den Sounddesignern diente als Ausgangspunkt für das ohrenbetäubende Geschrei der Alraunen tatsächlich das Schreien eines hungrigen Babys.
- In *Harry Potter und der Feuerkelch* bekommt Harry von Neville Longbottom Kiemenkraut, damit er die zweite Aufgabe des Trimagischen Turniers meistert.
- Für das Kiemenkraut, das Daniel Radcliffe als Harry Potter essen musste, wurde schwarze Lakritze verwendet – eine Süßigkeit, die so gar nicht zu den Favoriten des Schauspielers zählt.

In der Zauberwelt gedeihen viele eigenartige, sehr spezielle Pflanzen. Und doch gibt es auch in der Muggelwelt Gewächse, die den magischen Pflanzen in Form und Aussehen ähneln. Achte bei der Auswahl deiner Pflanzen immer darauf, dass sie weder für dich noch für deine Haustiere schädlich sind. Im Folgenden findest du eine Auswahl magischer Pflanzen und ihre Muggel-Äquivalente – für die Projekte in diesem Buch, für dein Zuhause oder für den Garten.

✧ IN DER ZAUBERWELT:

Kiemenkraut

Zu sehen in *Harry Potter und der Feuerkelch*
Das aus dem Mittelmeerraum stammende Kiemenkraut ist vor allem für seine kiemenbildenden Eigenschaften bei Hexen und Zauberern bekannt. Es muss jedoch roh gegessen werden und sieht wie ein glitschiger, graugrüner Rattenschwanz aus. Na dann, guten Appetit!

✧ IN DER MUGGELWELT:

Keulen-Binsenkaktus

HATIORA SALICORNIOIDES

Bei diesem Ersatz für Kiemenkraut handelt es sich um einen strauchartigen Kaktus aus Brasilien, der keinen feuchten Boden mag. In seiner natürlichen Umgebung ist er ein Epiphyt – er wächst nicht in der Erde, sondern auf Baumstämmen. Im Winter geht er in eine Ruhephase und braucht dann noch weniger Wasser.

✧ IN DER ZAUBERWELT:

Alraune

Zu sehen in *Harry Potter und die Kammer des Schreckens*
Die Alraune wird in Wiederbelebungstränken verwendet und zeichnet sich durch einen legendären ohrenbetäubenden Schrei aus, der einen stundenlang außer Gefecht setzen kann. Bei falscher Handhabung oder in den falschen Händen kann die Alraune gefährlich werden.

✧ IN DER MUGGELWELT:

Chinesischer Feigenbaum

FICUS RETUSA

Der Chinesische Feigenbaum erinnert mit seinem Äußeren an die Alraune, ist aber weniger gefährlich und verschont dein Gehör. Die Pflanze liebt Wärme und verträgt keine frostigen Bedingungen. Mit der geringen Größe und dem dicken Stamm macht sie ordentlich was her.

✧ *IN DER ZAUBERWELT:*

Venemosa Tentacula

Zu sehen in *Harry Potter und der Halbblutprinz*
Die grüne Tentakelpflanze mit ihren Reißzähnen wird in Gewächshaus drei gezüchtet. Ihre Samen werden gern in Zaubertränken verwendet und sind laut Horace Slughorn auf dem Schwarzmarkt zu stolzen Preisen erhältlich.

✧ *IN DER MUGGELWELT:*

Zwergpfeffer

PEPEROMIA GRAVEOLENS

Mit ihren glatten Blättern eignet sich diese ungiftige Sukkulente aus Ecuador eindeutig besser als Hauspflanze. Ihr Blütenstand erinnert an einen Rattenschwanz. Aber aufgepasst: Der Zusatz „graveolens" in ihrem Namen bedeutet „übel riechend".

✧ *IN DER ZAUBERWELT:*

Peitschende Weide

Zu sehen in *Harry Potter und die Kammer des Schreckens* und *Harry Potter und der Gefangene von Askaban*
Diese berüchtigte Pflanze greift alles an, was ihr in den Weg kommt. Daher eignet sie sich hervorragend, um geheime Eingänge zu verdecken (oder ein gewisses blaues Auto in die Mangel zu nehmen).

✧ *IN DER MUGGELWELT:*

Korkenzieherweide

SALIX MATSUDANA 'TORTUOSA'

Diese Pflanze mit einer Vorliebe für schattige Plätzchen ist zwar widerstandsfähig, aber nicht angriffslustig. Somit ist sie eine sichere Alternative zur Peitschenden Weide. Der schnell wachsende Baum kann eine Höhe von bis zu 9 Metern erreichen und bis zu 40 Jahre alt werden.

✧ *IN DER ZAUBERWELT:*

Mimbulus Mimbletonia

Zu sehen in *Harry Potter und der Orden des Phönix*
Das Stinksaft produzierende pulsierende Gewächs ist eine seltene Pflanze aus Assyrien. Sie sieht aus wie ein Kaktus, hat aber Beulen.

✧ *IN DER MUGGELWELT:*

Heidelbeerkaktus

MYRTILLOCACTUS GEOMETRIZANS

Dieser Kaktus kommt ohne Beulen und Stinksaft aus. Er eignet sich toll als Zimmerpflanze. In seiner natürlichen Umgebung wächst er in einer unverwechselbaren Kerzenleuchterform in die Höhe. Als Topfpflanze muss er alle paar Jahre umgetopft werden. In der freien Natur produziert er blaue Beeren, ein Grundnahrungsmittel vieler indigener Völker wie Apachen, Tohono O'Odham, Tewa und Ute.

MUGGELPFLANZEN, DIE ES IN SICH HABEN

„Mir persönlich haben diese Pflanzen immer etwas Angst eingejagt."

HARRY POTTER,
HARRY POTTER UND DER HALBBLUTPRINZ

Abseits der Zauberwelt kann auch die Muggelwelt mit so einigen kuriosen Pflanzen aufwarten. So gibt es etwa Exemplare, die bei Berührung ihre Blätter einfalten oder einen abscheulichen Duft verströmen. Andere wiederum sehen wie Tiere aus (und bekanntlich gibt es ja auch Tiere, die Pflanzen ähneln!). Einige weisen auffällige Zeichnungen auf, die wie Schädel anmuten, oder sind wie Trichter geformt, um Käfer zum Abendessen zu fangen. Hier findest du einige verblüffende Pflanzen aus der realen Welt, die aber genauso gut in die Zauberwelt der Filme passen würden. Wenn du dich für eine dieser Pflanzen entscheidest, beachte bitte, dass einige von ihnen für Mensch und Tier gefährlich sind. Pflanze sie daher an einem sicheren, geschützten Ort, nach Möglichkeit umzäunt, damit sie weder für Haustiere noch für wilde Tiere in der Umgebung zugänglich sind.

Aconitum

Trivialnamen: Eisenhut, Sturmhut, Wolfswurz, Ziegentod
Der auf der Nordhalbkugel verbreitete Eisenhut ist *extrem* giftig und mit äußerster Vorsicht zu handhaben. Seine verschiedenen Züchtungen werden immer wieder prämiert und gerne von Floristen verwendet. Einige Eisenhutarten sind die einzige Nahrungsquelle für Schmetterlingsraupen wie Gelber Bär, Eisenhut-Höckereule und Dreipunkt-Glanzeule.

GIFTIG

Actaea pachypoda

Trivialnamen: Weißfruchtiges Christophskraut
Diese giftige Pflanze ist im Osten Nordamerikas beheimatet. Ihren englischen Trivialnamen „Doll's-Eyes", also Puppenaugen, verdankt sie ihren auffälligen Beeren, die auch stark an das Auge von Mad-Eye Moody erinnern. Alle Teile der Pflanze, besonders aber die Beeren, sind giftig. Der Verzehr führt zu Herzstillstand und Tod. Nimm dich vor ihnen in Acht – sie sind nicht so harmlos wie Puppenaugen!

GIFTIG

Antirrhinum majus

Trivialnamen: Großes Löwenmaul, Löwenmäulchen, Froschgoscherl, Kalbsmaul, Hundskopf
Die Blüten sind in einer breiten Farbpalette erhältlich, verströmen einen Zitrusduft und sehen aus wie ein Löwen- oder Drachenkopf. Nach der Blüte wird es gruselig. Die verblühten Köpfe der Löwenmäulchen können wie kleine Totenschädel aussehen. Bei leichtem Druck öffnet sich die Blüte wie ein Mund. Ein Vergnügen für jeden Todesser!

Atropa belladonna

Trivialnamen: Schwarze Tollkirsche, Waldnachtschatten
Die Tollkirsche ist eine giftige, mehrjährige Pflanze aus der Familie der Nachtschattengewächse (Solanaceae), zu der auch Tomaten, Kartoffeln und Auberginen gehören. Der Verzehr von Blättern und Beeren verursacht Delirien und Halluzinationen. Hexen sollen Belladonna und andere giftige Pflanzen genutzt haben, um zu Versammlungen zu fliegen. Flohpulver klingt nach einer sichereren Alternative.

GIFTIG

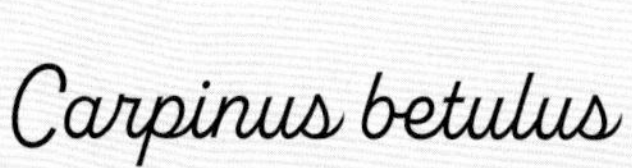

Carpinus betulus

Trivialnamen: Hainbuche, Weißbuche, Hagebuche oder Hornbaum
Die Hainbuche ist ein kleinerer Baum, der in den gemäßigten Regionen der nördlichen Hemisphäre vorkommt. Die männlichen und weiblichen Blüten wachsen beide auf demselben Baum, die Bestäubung erfolgt durch den Wind. Das Holz ist so hart und beständig, dass es für Schneidebretter, Werkzeuggriffe und Klavierteile verwendet wird.

Dionaea muscipula

Trivialname: Venusfliegenfalle
Diese fleischfressende Pflanze, die an der Ostküste der Vereinigten Staaten heimisch ist, fängt ihre Beute in den Blättern. Sie wächst auf nährstoffarmen Böden und ernährt sich von stickstoffreichen Insekten und Spinnentieren. In ihrem natürlichen Lebensraum ist sie auf regelmäßige Buschfeuer angewiesen, damit sie nicht von anderen Pflanzen überwuchert wird. Sie selbst treibt nach einem Brand wieder aus. Die Venusfliegenfalle fängt ihre Bestäuber nur selten ein, da ihre Blüten 15 bis 25 Zentimeter über den Blättern wachsen.

Dracaena cinnabari

Trivialnamen: Drachenbaum, Drachenblutbaum
Dieser Baum wächst nur in den Granitbergen und Kalksteinplateaus der zum Jemen gehörenden Insel Sokotra. Seine Blätter nehmen die Feuchtigkeit aus den Wolken, dem Meeresdunst und dem Nieselregen auf und leiten sie zu den Wurzeln – also das Gegenteil von dem, was die meisten Bäume tun! Sein Harz ist dunkelrot, daher der Name Drachenblutbaum. Es wird als Farbstoff verwendet und diente den italienischen Geigenbauern des 18. Jahrhunderts als Lack.

Dracula simia

Trivialnamen: Affengesicht-Orchidee
Welch affenstarke Orchidee! Sie gedeiht in den tropischen Hochlandwäldern im Südosten Ecuadors. Ihre Blüten duften intensiv nach reifen Orangen und blühen das ganze Jahr über.

Eucalyptus deglupta

Trivialname: Regenbogenbaum, Regenbogen-Eukalyptus
Der Regenbogenbaum ist ein großer, schnell wachsender, immergrüner Baum, der in feuchten, tropischen Waldgebieten in Neuguinea, Indonesien und auf den Philippinen heimisch ist. Er ist der einzige Eukalyptusbaum, der in der nördlichen Hemisphäre beheimatet ist. In seinem natürlichen Lebensraum kann er bis zu 76 Meter hoch werden. Er ist vor allem für seine glatte Borke bekannt, die jährlich aufreißt und eine faszinierend bunte Rinde mit hellgrünen, roten, orangefarbenen, grauen und violett-braunen Tönen zum Vorschein bringt.

Ficus altissima

Trivialname: Hohe Feige, Ratsbaum
Die in Südostasien beheimatete Pflanze kann im Freien bis zu 30 Meter hoch werden. Doch keine Panik, zu Hause werden es nur etwa 2 Meter. Die Hohe Feige ist epiphytisch, das heißt, sie wächst normalerweise auf anderen Bäumen und schlägt Luftwurzeln. Wie alle tropischen Bäume bevorzugt sie indirektes Sonnenlicht und Feuchtigkeit.

Hydnellum peckii

Trivialname: Scharfer Korkstacheling
Dieser Pilz kommt in Nordamerika, Europa und neuerdings auch im Iran und in Korea vor. Aus seinen Kappen „bluten" rote Tröpfchen, die ein Pigment mit gerinnungshemmenden Eigenschaften enthalten. Er ist ein sogenannter Mykorrhizapilz, was bedeutet, dass er mit dem Feinwurzelsystem einer Pflanze in Kontakt ist. Dabei tauscht er Mineralien und Aminosäuren aus dem Boden gegen den gebundenen Kohlenstoff des Wirts aus. Er sieht aus wie ein köstliches Dessert, ist auch nicht giftig, hat aber einen fauligen Geschmack.

Lithops

Trivialname: Lebende Steine
Diese Mittagsblumengewächse sind im südlichen Afrika beheimatet und haben im Laufe ihrer Entwicklung ihr Aussehen an die Felsen in der Umgebung angepasst. Sie wachsen langsam und eignen sich gut als Zimmerpflanzen, wenn sie genügend Sonnenlicht und einen gut drainierten Boden haben. Lange Zeit wurden sie aufgrund ihrer Tarnfähigkeit übersehen, aber es werden immer wieder neue Arten entdeckt.

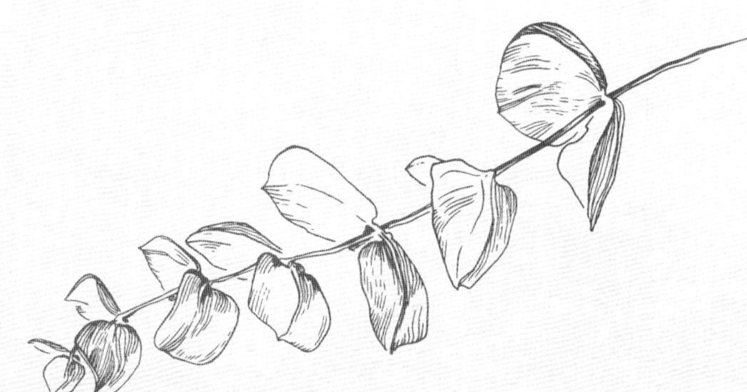

Mandragora officinarum

Trivialname: Gemeine Alraune
Diese Pflanze aus der Familie der Nachtschattengewächse stammt aus dem Mittelmeerraum und verursacht Delirien und Halluzinationen. Die Form ihrer Wurzeln ähnelt menschlichen Figuren und kommt seit Langem in spirituellen Ritualen zum Einsatz. Einem Aberglauben zufolge ist der Schrei der Alraune für denjenigen, der sie ausreißt, tödlich, und er wird sogleich in die Hölle verbannt.

GIFTIG

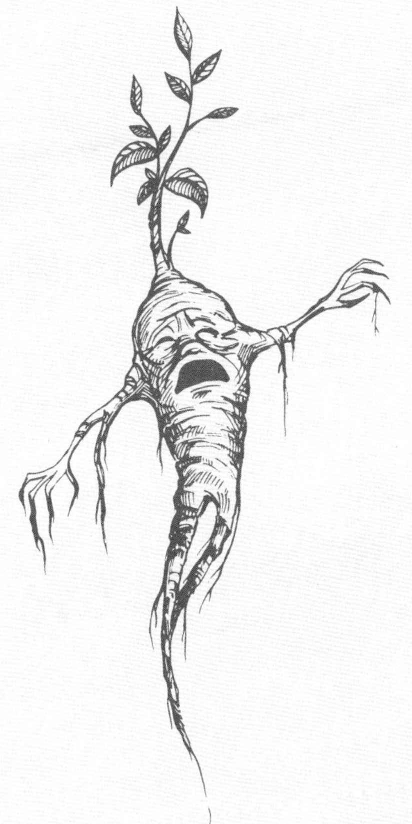

Mimosa pudica

Trivialnamen: Schamhafte Sinnpflanze
Diese in der Karibik heimische Pflanze klappt ihre Blätter ein, wenn sie berührt, angeblasen oder geschüttelt wird. Dieser Reflex hat sich als Verteidigungsmechanismus herausgebildet, um Fressfeinde abzuwehren, und als Schattenspender, um den Wasserverlust durch Verdunstung zu verringern. Auch nachts faltet sie sich ein, und bei Tageslicht öffnet sie sich wieder. Ihre Blütenpracht währt nie länger als einen Tag.

Origanum dictamnus

Trivialnamen: Diptam-Dost, Kretischer Diptam, Dittam
Diese Pflanze, die nur auf der griechischen Insel Kreta vorkommt, hat einen samtigen, weißen Flaum und wird als Gewürz, für Parfüm und in der Medizin verwendet. Da sie an Berghängen und Klippen wächst, war das Sammeln einst eine lebensgefährliche Angelegenheit. Heute wird der Diptam-Dost in Ortsnähe gezüchtet und steht in seinem natürlichen Lebensraum unter Naturschutz.

Palicourea elata

Trivialnamen: Kussmund
Diese in den Regenwäldern von Kolumbien, Costa Rica, Panama und Ecuador beheimatete Pflanze hat sich etwas ganz Besonderes einfallen lassen, um Kolibris und Schmetterlinge anzulocken. Ihre roten „Lippen" sind eigentlich nur Hochblätter, die sich öffnen, um die eigentlichen Blüten freizugeben. Die Pflanze ist infolge der Abholzung vom Aussterben bedroht. In ihren Heimatgebieten wird sie gern als Valentinsgeschenk verwendet.

Rafflesia

Trivialname: Leichenblume
Diese Schmarotzerpflanze aus Südostasien ist die größte Blume der Welt. Die größte gemessene Blüte hat einen Durchmesser von knapp 1 Meter. So schön sie auch ist, ihre Blüte riecht nach fauligem Fleisch, um Schmeißfliegen und andere Insekten zur Bestäubung anzulocken – daher auch der Name „Leichenblume". Sie besitzt keine Blätter, Sprosse oder Wurzeln. Ihre Ranken klettern nur auf ganz bestimmte Wirtspflanzen.

Stachys byzantina

Trivialname: Wollziest, Eselsohr, Hasenohr
Mit seinen dicken, samtig-weichen Blättern ist der Wollziest eine beliebte Gartenpflanze. Er ist einfach zu züchten, und man kann kaum widerstehen, ihn zu streicheln. Ursprünglich stammt er aus der Türkei, Armenien und dem Iran, mittlerweile ist er aber auf der ganzen Welt verbreitet. In Brasilien wird er sogar als Gewürz verwendet. In Backteig frittiert und mit Zitronensaft beträufelt soll er nach Fisch schmecken.

ARTEN VON GÄRTEN

Da Professor Sprout im Gewächshaus drei alles über Alraunen lehrt, ist davon auszugehen, dass sie in anderen Gewächshäusern noch andere Pflanzen für weitere Unterrichtseinheiten anbaut. Ob Gewächshaus, Pflanzgefäß oder Garten – es gibt viele Möglichkeiten, eine kleine Oase zu gestalten, die schön oder praktisch oder sogar beides ist. Grünflächen bereichern in vielerlei Hinsicht die Umwelt, zum Beispiel Themengärten, die einen meditativen Raum schaffen oder die Sinne ansprechen. Manche Pflanzenliebhaber wählen ihre Pflanzen nach Farbe oder Duft aus, andere wollen Schmetterlinge oder andere Bestäuber anlocken. Weitere Aspekte, die man beim Anlegen eines Gartens berücksichtigen sollte, sind zum Beispiel das Mikroklima vor Ort und der verfügbare Platz. Wofür du dich auch entscheidest – am Ende hat jeder Garten etwas Magisches an sich. Und wie im Raum der Wünsche kann er genau das sein, was du gerade brauchst. Im Folgenden findest du einige Anregungen für deinen eigenen magischen Garten.

Balkon- oder Terrassengärten

Auch wenn der Platz auf Balkons und Terrassen beschränkt ist, lassen sich dort wunderbare kleine Oasen mit Blumen, Gemüse, Kräutern, Sträuchern und Bäumchen anlegen. Prüfe, wie viel Platz du hast und wie die Sonneneinstrahlung ist. Dann wählst du Pflanzen, die unter den Lichtverhältnissen gut gedeihen. Kakteen, Blumen und Gemüse vertragen den ganzen Tag über direkte Sonne – Funkien und Fleißiges Lieschen mögen es dagegen schattig.

Bestäubergärten

Diese Art von Gärten unterstützt bestäubende Insekten, indem sie ihnen Nahrung in Form von Pollen und Nektar liefert. So bleiben die Bestäuber in einem bestimmten Gebiet und bestäuben hier das Obst und Gemüse.

Biogärten

Biologische Gärten umfassen in der Regel Gemüse und Kräuter, immer öfter werden sie aber auch als Ziergärten angelegt. Ein Hauptfaktor, der diese Art Garten von anderen unterscheidet, ist der Verzicht auf künstliche Düngemittel und anorganische Pestizide. Biologischer Gartenbau trägt zur Verbesserung der Bodenqualität bei.

Feengärten

Ein Feengarten ist ein kleiner Garten in einem Behälter oder ein kleiner Bereich in der Nähe eines Baumes, der mit Pflanzen und Deko in Miniaturgröße verschönert wird. Er soll als Refugium für Feen dienen und kann so gestaltet werden, dass die Feen ihn besuchen, wenn sie sich unbeobachtet fühlen.

Gärten mit heimischen Pflanzen

Die umweltfreundlichsten Gärten vereinen regionale Flora und Fauna. Die Pflanzen und Tiere in deiner Umgebung haben sich über Jahrmillionen gemeinsam entwickelt. Sie sind Teil eines lokalen Ökosystems und unterstützen sich gegenseitig. Wenn du dich für einheimische Pflanzen entscheidest, wirst auch du Teil dieses Ökosystems. Angesichts des Überflusses an exotischen Pflanzen und des zunehmenden Verlusts von Lebensraum kann dein Garten (oder deine Dachterrasse oder dein Balkon) ein Paradies für heimische Vögel und bestäubende Insekten sein.

Gemüsegärten

Der Anbau von Gemüse umfasst die Auswahl eines Standorts, die Planung des Gartens, die Vorbereitung des Bodens, die Auswahl von Saatgut und Pflanzen, die Aussaat und die Pflege der Pflanzen, bis sie reif für die Ernte sind. Die buchstäblichen Früchte dieser Arbeit sind frische Produkte, die man essen, teilen oder verkaufen kann.

Kräutergärten

Ein Kräutergarten ist ein Garten im Freien, der ausschließlich dem Anbau von Kräutern zum Würzen, zum Aromatisieren, für medizinische Zwecke und für die Aromatherapie dient. Er kann jede Größe und Form haben – vom großflächigen Gartenareal bis zum kleinen Blumenkasten – und mit verschiedenen Kräutern bepflanzt werden.

Labyrinthgärten

Labyrinthgärten sind Orte der persönlichen Kontemplation und Regeneration. In ihnen folgt man einem gewundenen Weg, der zu einem Zentrum führt. Hat man die (eigene) Mitte gefunden, geht man auf demselben Weg wieder zurück. Solche Labyrinthe wurden im Mittelalter auf den Böden von Sakralbauten angelegt – als meditative Reise für Körper und Geist. Eines der ältesten Exemplare dieser Art ist in der Kathedrale von Chartres in Frankreich erhalten. Manche Gartenlabyrinthe sind auch als Irrgärten mit Sackgassen konzipiert; in ihnen kommt man auf unterhaltsame und spannende Art ans Ziel.

Schmetterlingsgärten

Diese Gärten sind speziell so angelegt, dass sie Schmetterlinge anlocken. Finde heraus, welche Schmetterlinge es in deiner Gegend gibt. Ratgeber können dabei behilflich sein. Als idealer Standort eignet sich ein Plätzchen mit genügend Sonne, Wasser und Unterschlupfmöglichkeiten. Jede Schmetterlingsart hat eine andere Futterpflanze. Mit einer kurzen Onlinerecherche kannst du herausfinden, welche Pflanzen du für die Schmetterlingsarten pflanzen solltest, die du anlocken und unterstützen möchtest.

Schnittblumengärten

In einem Schnittblumengarten werden Blumen gezüchtet, die man in Blumenläden findet. Schnittblumen werden für dekorative Zwecke in Sträußen und Gestecken, Blumenkörben, Girlanden und Kränzen verwendet. Du kannst sie aber auch einzeln, als wunderschönen Blickfang, in eine Vase stellen.

Sinnesgärten

Diese Gärten sprechen alle Sinne an. Sie stimulieren die Besucher durch Pflanzen und Materialien, auf die mal der Geruchssinn, mal der Seh-, Tast-, Geschmacks- oder Gehörsinn reagiert. Ein Sinnesgarten ist eine Wohltat für Kinder und Erwachsene, besonders für Menschen, die Probleme mit der sensorischen Verarbeitung ihrer Umgebung haben.

Vertikale Gärten

Bei dieser Art von Garten handelt es sich um senkrechte Platten, auf denen Pflanzen in der Regel in Hydrokultur gedeihen. Die einzigartigen Strukturen können frei stehen oder an einer Wand befestigt sein. Sie werden unter anderem auch als lebende Wände, Pflanzenwände oder Mooswände bezeichnet. Vertikale Gärten können so klein wie ein Bilderrahmen sein oder so groß, dass sie eine ganze Fassade bedecken.

DIE MAGIE DER BESTÄUBER

Ein Bestäuber ist jedes Lebewesen, das dabei hilft, den Blütenstaub von einer Pflanze zur anderen zu bringen. Der Blütenstaub muss von einer männlichen Blüte zu einer weiblichen Blüte gelangen. Durch den Transport von den Staubgefäßen zur Narbe wird die Pflanze befruchtet und kann Früchte, Samen und Jungpflanzen hervorbringen.

Zu den Bestäubern zählen Bienen, Schmetterlinge, Käfer, Wespen, Motten und andere Insekten, aber auch Vögel sowie Fledermäuse und andere kleine Säugetiere. Wenn sie sich am Nektar einer Blume laben, nach Nahrung, Unterschlupf oder Material für den Nestbau suchen, übertragen sie unabsichtlich den Blütenstaub, der an ihrem Körper kleben bleibt, von einer Pflanze auf die andere. Bienen sind ausgezeichnete Bestäuber – von ihrer Bestäubungsleistung hängt die Produktion vieler Nahrungsmittel ab.

Einen sicheren Lebensraum für Bestäuber zur Verfügung zu stellen, in dem sie leben und sich fortpflanzen können, ist für jedes Ökosystem wichtig. Über 70 Prozent aller blühenden Pflanzen auf der Erde werden von Lebewesen bestäubt. Jeden dritten Bissen, den wir essen, haben wir den Bestäubern zu verdanken!

Möchtest du einen sicheren Lebensraum für Bestäuber schaffen? Genau wie wir brauchen sie Nahrung, Wasser, Unterschlupf und Raum. Alle Bestäuber benötigen zu unterschiedlichen Zeiten von Frühjahr bis Herbst blühende Pflanzen, die ihnen Nahrung und Nistplätze bieten. Auch Wasser ist für sie alle sehr wichtig. Eine seichte Schale mit Wasser und Kieselsteinen wie die Denkarium-Vogeltränke auf Seite 145 bietet einen sicheren Landeplatz für Vögel, Bienen und Schmetterlinge. Das Wichtigste ist, KEINE Pestizide, Unkrautvernichtungsmittel oder Dünger mit synthetischen Chemikalien zu verwenden. Sie wirken auf die Bestäuber wie Todesser.

Unterschiedliche Bestäuber benötigen auch unterschiedliche Lebensräume. Die meisten Bestäuber brauchen bestimmte Pflanzen, manche mögen offene Flächen, andere nicht. Wie wäre es, wenn du einen Bestäubergarten für Bienen oder Schmetterlinge anlegst? Eine kurze Recherche verrät dir, welche Pflanzen und Blumen ihnen Nahrung und Unterschlupf geben.

WARUM ZAUBERSPRÜCHE, FLÜCHE UND PFLANZEN WISSENSCHAFTLICHE NAMEN HABEN

Bei Zaubersprüchen und Flüchen ist es wichtig, deren wahre Bedeutung genau zu erfassen. Man denke nur daran, wie Harry Potter „Winkelgasse“ beim ersten Benutzen des Flohpulvers falsch ausspricht und deshalb in der gefährlichen Nokturngasse landet. Eine „universelle“ Sprache (und korrekte Aussprache) kann hier Abhilfe schaffen, und so dienen wissenschaftliche Namen als Grundlage für die Namensgebung von magischen Zaubersprüchen und Flüchen. Dasselbe Prinzip gilt für Pflanzennamen (und alle anderen Organismen).

Latein war in Europa die Sprache der Wissenschaft, in der auch Altgriechisch weitverbreitet war. Artbeschreibungen wurden auf Latein verfasst, und die Arten erhielten lateinische oder latinisierte altgriechische Bezeichnungen. So sollte sichergestellt werden, dass es keinen Zweifel gibt, von welcher Art die Rede ist. Carl von Linné (1707–1778) verwendete 1753 in seinem Werk „Species Plantarum“ als Erster konsequent für alle Pflanzen binäre Namen. Daher gilt er als Gründer der „binären Nomenklatur“, bei der jede Pflanzenart einen Namen hat, der aus zwei Teilen besteht.

- Der erste Teil ist der Name der Gattung. Sie kann aus einer einzigen Art bestehen oder aus verschiedenen Arten mit gleichen Merkmalen.
- Der zweite Teil ist der Name der Art, der die einzelnen Merkmale der zur Gattung gehörenden Pflanze näher beschreibt.
- Manchmal gibt es einen dritten Teil unterhalb der Rangstufe der Arten – eine Sorte oder ein Cultivar (ein Cultivar ist eine vom Menschen geschaffene Sorte).

Trivialnamen wie Schwarzäugige Susanne, Purpurglöckchen und Sonnenhut sind entweder zu allgemein oder werden in einem Teil des Landes so und in einem anderen Teil ganz anders bezeichnet. Daher sorgt die Pflanzennomenklatur mit ihrer einheitlichen Sprachregelung dafür, dass Botaniker, Wissenschaftler, Gärtner, Händler – und du – auch tatsächlich über dieselbe Pflanze sprecht.

WINTERHÄRTEZONEN

Auf Grundlage einer Karte des US-Landwirtschaftsministeriums (der *USDA Plant Hardiness Zone Map*, einer Art Karte des Rumtreibers für Pflanzen) wurde ein internationaler Standard entwickelt, mit dessen Hilfe Gartenfreunde ermitteln können, in welcher Winterhärtezone sie leben. Die Zonen zeigen die jeweils niedrigsten Durchschnittstemperaturen im Winter an. Europa ist in 11 Zonen eingeteilt, in Mitteleuropa kommen jedoch nur die Zonen 5 bis 8 vor, die wiederum in Halbzonen (a und b) unterteilt sind. In welcher Zone du dich genau befindest, kannst du ganz leicht online herausfinden.

Die Zonenzuordnung ist jedoch nur eine Orientierungshilfe. Welche Pflanzen in deiner Gegend wachsen können, ist von vielen Faktoren abhängig. Stellen mit besonderem Mikroklima, an denen sich die Wetterbedingungen von der Umgebung unterscheiden, sind überall zu finden – von winzigen, wenige Meter großen Flächen bis hin zu einigen Quadratkilometern. Flüsse, Seen und andere temperaturausgleichende Gewässer sorgen zum Beispiel für ein wärmeres Mikroklima, ebenso größere Städte, in denen Gebäude, Straßen und Plätze die Sonnenwärme speichern und Winde ablenken. Dagegen herrscht in Gebirgsregionen, in denen die Durchschnittstemperatur mit jedem Höhenmeter sinkt, meist ein kälteres Mikroklima.

Mit entscheidend ist auch der individuelle Standort. Eine Pflanze, die geschützt an der Hausmauer steht, ist Kälte und Wind weit weniger ausgesetzt als eine freistehende Pflanze auf einer Wiese. Auch spezielle Schutzmaßnahmen, zum Beispiel das Abdecken mit Mulch, können kälteempfindlicheren Pflanzen über den Winter helfen.

HEIMISCHE PFLANZEN

Jede Pflanze hat sich über Jahrtausende hinweg in einer Region gemeinsam mit den dort vorkommenden Tieren und Böden entwickelt und eine symbiotische Beziehung zu ihnen aufgebaut. Kommt eine Pflanze in einer Region von Natur aus vor, ohne dass sie vom Menschen eingeführt wurde, gilt sie als heimisch oder einheimisch.

Eine Pflanze, die in deiner Region heimisch ist, muss es nicht unbedingt in einem anderen Teil des Landes sein. Genauso wachsen in den Gärten und in der freien Natur in deiner Umgebung viele nicht heimische Pflanzen. Auch wenn sie gut gedeihen, sind sie für die Tierwelt nicht so nützlich wie einheimische Pflanzen. Einige nicht heimische Pflanzen können in deiner Gegend sogar invasiv sein und – anders als in ihrem ursprünglichen Lebensraum – dem lokalen Ökosystem schaden, da sie einheimischen Pflanzen Platz und Nährstoffe streitig machen. Ein Garten mit einheimischen Pflanzen oder einer Mischung aus einheimischen und nicht einheimischen Pflanzen zieht Bestäuber und nützliche Insekten an und hilft ihnen zu überleben.

Harry Potter – Magische Kräuterkunde
Deutschsprachige Ausgabe 2023 durch die Panini Verlags GmbH,
Schloßstraße 76, 70176 Stuttgart
Verlagsleitung: Gabriele El Hag
Chefredaktion: Nicole Hoffart
Redaktion: Lisa Breitsameter
Übersetzung: Barbara Knesl
Lektorat: Claudia Weber
Produktion: Print Company Verlagsges.m.b.H.
Manufactured in China by Insight Editions
ISBN 978-3-8332-4349-3
www.paninishop.de

Die Deutsche Nationalbibliothek verzeichnet diese Publikation in der Deutschen Nationalbibliografie; detaillierte bibliografische Daten sind im Internet über http://dnb.d-nb.de abrufbar.

Englischsprachige Originalausgabe 2023

PO Box 3088
San Rafael, CA 94912
www.insighteditions.com

Publisher: Raoul Goff
VP of Licensing and Partnerships: Vanessa Lopez
VP, Creative: Chrissy Kwasnik
VP, Manufacturing: Alix Nicholaeff
VP, Editorial Director: Vicki Jaeger
Publishing Director: Jamie Thompson
Designer: Lola Villanueva
Editor: Anna Wostenberg
Editorial Assistant: Sami Alvarado
Managing Editor: Maria Spano
Senior Production Editor: Katie Rokakis
Production Associate: Deena Hashem
Senior Production Manager, Subsidiary Rights: Lina s Palma-Temena

Photographer: Ted Thomas
Assistant Photographer: Amani Wade
Stylist: Elena Craig
Assistant Stylist: Patricia Parrish
Plant Aficionado: Meredith Law
Photoshoot Art Director: Judy Wiatrek Trum

Technical Illustrator: Anastasia Shumeeva
Cover illustrator: Paula Hanback